Ⓢ新潮新書

広尾 晃
HIROO Koh

野球の記録で話したい

1086

新潮社

はじめに　「野球の記録で話したい」で15年

筆者は2024年8月、この新潮新書で『データ・ボール　アナリストは野球をどう変えたのか』という本を書いた。執筆に際しては、NPB関係者や大学の先生、アナリスト、データ会社など多くの専門家に取材をしたが、取材拒否にもあって、なかなかにストレスがたまった。それもあって、「好きな野球記録について書きたい」と訴えたら、編集担当の横手大輔さんがあっさりOKをしてくれて、出来あがったのが本書である。

筆者は長らくコピーライターをしていたが、50歳近くになってIT企業グループの名ばかり取締役になった。なんとなくクビになりそうな気配がしていた時に、グループ内で「ブログでビジネスをする」という有料セミナーが行われた。1日数時間の講義で10数万円という高額なセミナーだったが、グループ役員という特権でタダで視聴した。

講師はアメリカ人で、通訳が付いたセミナーだったが、その講師はブログで身を立てるためには、

①必ず毎日書くこと
②身辺雑記ではなく一つのテーマで「他人に読ませること」を目的に書くこと
③見出しに工夫すること
が大事だといった。

講師は「続けるためには、君が好きなテーマで書くことだ。毎日書いても飽きたりしない、本当に好きなテーマがあればうまくいく」と言い、最後にこう付け加えた。

「君たちは、僕が本当に大事なこと、コツについては話していないんじゃないか、と思っているだろう？　たった1回のセミナーでそんな秘密は明かさないんじゃないか？と。でもそんなことはない。ブログで成功する秘訣を全部話したつもりだ。でも、僕は安心している。多くの人は、今日は〝やるぞ〟と思っていても家に帰って食事をして、ベッドに入ったら翌朝には、やる気は半分くらいに減っている。そして1週間もたてば忘れてしまっている。それがわかっているから安心して秘訣を紹介したんだ」

なるほど、と思った筆者は、この日からブログを始めることにした。小さなころから野球、それも記録が大好きだったので、それについて書き始めた。ちょうど「第2回ＷＢＣ」が始まったころだったので、アクセスはすぐに集まった。

そして2年後に「ライブドアブログ奨学金」に応募したところ、1500くらいの応募の中から「3位」に選ばれた。ちなみに2位は「東京餃子通信」で、ブログ主は今、餃子王を名乗っている。そしてライブドアブログにブログを引っ越し、担当者がブログ環境を「チューンナップ」してくれたので、そこからアクセス数も急増した。

2013年には担当者から「本を出しませんか?」と言われた。2017年からNumber Webや東洋経済オンラインなどでコラムを書くことになり、現在に至っている。「わらしべ長者」みたいなものである。

2009年の12月から今日まで「野球の記録で話したい」という私のブログは、1日も欠かさず書き続けている。書いたブログの本数は、もうすぐ2万本になろうとしている。野球の記録は私にとって「本当に好きなテーマ」だったのだ。

『データ・ボール』は、おかげさまで業界の評判が良くて、原稿依頼が増えている。

大谷翔平が「50‐50」を達成したので「何か1本」。

佐々木朗希のポスティングに対して「何か1本」。

ナベツネが死んだので「何か1本」。

筆者の場合、この「何か1本」という依頼が多いのだが、このオーダーに二つ返事で応えて原稿を送っているので、非常に多忙になった。

「野球を観る」という仕事柄、出張が多いのだが、新幹線でも飛行機でも各駅停車でも、ずっとパソコンで文章を書いている。日産文字数は1万字近いと思う。そういう記事を早々に入稿して、ブログも書いて、ようやく本書を書く時間になるのだが、いつも「やっと好きなことについて書くことができる」という喜びがふつふつと湧いてきて、疲れが吹っ飛ぶ。お察しの通り、筆者はビョーキである。

本書では、大選手の大記録から、選手の名前にまつわる記録、二軍選手の記録、守備の記録など「記録」に関連する話をいろいろ紹介している。野球好きの人でもあまり見たことがない記録を集めたつもりだ。

今年もプロ野球が開幕した。シーズンを楽しみながら、お暇なときに気楽に読んでいただければ幸いである。

本書のプロ野球記録は、2024年シーズン終了時点でのNPB公式記録に基づいている。図表はすべて筆者が作成した。

野球の記録で話したい——目次

第1章　アンタッチャブルな記録たち

まずはプロ野球の「アンタッチャブルな記録」について取り上げよう。１９３６年、プロ野球のペナントレースが始まって２０２５年で89年。この間、様々な記録が生まれたが、その中には「もうこの記録を超えるのは不可能ではないか？」と思わせるような偉大な記録がいくつかある。

それらの記録の「本当の凄さ」と、その記録を生んだ野球選手の生い立ち、パーソナルデータを紹介しよう。

1-1　通算記録のアンタッチャブル

プロ野球通算記録のうち、王貞治の８６８本塁打、金田正一の４００勝、張本勲の３

085安打、福本豊の1065盗塁は、今後も更新する選手は現れないのではないだろうか？　もちろん1世紀先まではわからないが、プロ野球が草創期からの連続性を保って、同じような条件で行われているうちはアンタッチャブルではないかと思われる。

福本豊を除く王貞治、金田正一、張本勲の3人に共通しているのは、3人ともプロ野球最古の球団である読売ジャイアンツでプレーした経験があること。選手としてのキャリアも王が1959年～80年、金田が1950年～69年、張本が1959年～81年と重なっている。王と張本が1940年生まれ、金田が1933年生まれ。つまり昭和の「同時代人」だったのだ。

もう一つ共通しているのは、この3人がいずれも日本以外の国にルーツを持っていたことだ。王貞治の母は富山県出身だが、父は中国浙江省出身、そして王本人は東京生まれだが台湾（中華民国）籍だ。金田は在日韓国人の家に生まれたが、のちに日本に帰化している。張本は韓国人。日本で生まれ、長年韓国籍だったが、日本国籍を取得したことを2024年に公表した。

彼らが青春時代を過ごした戦後の日本では、こうした外国のルーツを持つ人々が世に出る手段は少なかった。スポーツ界や芸能界など実力本位の世界でなければ成功はおぼ

打者	機構	本塁打	実働
王貞治	NPB	868	1959 ～ 80
バリー・ボンズ	MLB	762	1986 ～ 2007
ヘンリー・アーロン	MLB	755	1954 ～ 76
ベーブ・ルース	MLB	714	1914 ～ 35
アルバート・プホルス	MLB	703	2001 ～ 22

つかなかった。

プロ野球には今も昔も、外国籍、外国にルーツを持つ選手が多いが、昭和の時代のプロ野球は「ハングリースポーツ」だったと言っても良いのではないか。このことは、3人の偉大な野球人を語る上で、おさえておきたいことである。

世界に冠たる王貞治の868本塁打

イチローがMLBに挑戦して以降、日本では、日米の記録を合算したり、そのまま比較したりすることが多くなった。歴史も試合数も異なる別のリーグをそのまま比較することに、筆者は抵抗感があるが、王貞治の868本塁打がMLBの通算本塁打記録であるバリー・ボンズの762本塁打を100本以上オーバーしているのは事実だ。

今、記録の発掘が進むニグロ・リーグでは、ジョシュ・ギブ

打者	本塁打	実働	所属
王貞治	868	1959 ～ 80	巨人
野村克也	657	1954 ～ 80	南海−ロッテ−西武
門田博光	567	1970 ～ 92	南海−オリックス−ダイエー
山本浩二	536	1969 ～ 86	広島
清原和博	525	1986 ～ 2008	西武−巨人−オリックス

ソンが1000本以上の本塁打を打ったとされるが、その数字が確定するまでは「世界一」と言ってよい。

MLB、NPB通算本塁打5傑

日米で700本塁打以上は前頁の5人になる。MLBの現役ではヤンキースのジャンカルロ・スタントンの429本が最多、NPBは西武、中村剛也の478本だから、当分このランキングが変わることはなさそうだ。

なお、アーロンは従来通称の「ハンク」が使われていたが、近年、正式名の「ヘンリー」を使うのが一般的になっている。

NPB通算本塁打5傑

21世紀デビューの選手では前述の中村剛也の478本が1位だ。

王貞治の868本塁打が見上げるような大記録であるのは

打者	本塁打	試合	本塁打／試合
王貞治	868	2831	0.307
野村克也	657	3017	0.218
門田博光	567	2571	0.221
山本浩二	536	2284	0.235
清原和博	525	2338	0.225
中村剛也	478	2100	0.228

「シーズン当たりの本塁打数」を割り出せばわかる。王貞治は1959年から80年まで22シーズンプレーしたが、これで868を割ると1年あたり39・45本になる。王貞治は高卒1年目から40歳で引退するまで、毎年40本近く打ち続けたことになる。気が遠くなるような数字だ。

2023年には巨人の岡本和真が41本塁打、2022年にはヤクルトの村上宗隆が56本塁打を打ったが、岡本の年平均本塁打は23・3本（233本／10年）、村上は32・0本（224本／7年）であり、このペースには到底及ばない。

しかも王貞治の時代は130試合制、今の143試合制より10％も試合が少なかった。

NPBの通算本塁打数上位5選手（前頁の表）と現役最多の中村剛也の通算出場数、1試合当たりの本塁打数を出してみよう（上の表）。この数字からわかるのは、王貞治の1試合当たりの本塁打数が他の選手と比べても群を抜いて高いこと。だから試合数が少なくてもここまで本塁打数を積み上げることができたのだ。しかも王は1959年にデビューしてから3年間は、投手から一塁手に転向して日が浅かったこともあり、粗っぽい二線級の打者だった。当時、王が打席に立つと「王、王、三振王」と声がかかったと言う。

よく知られているように荒川博打撃コーチとマンツーマンで特訓し一本足打法を身に付けた1962年以降、見違えるような大打者になったのだ。

王の1959～61年と62年以降の本塁打数を示す（※は1試合当たりの本塁打数）。

1959～61　37本 /351 試合 ※0.105
1962～80　831本 /2480 試合 ※0.335

端的に言えば1962年、一本足打法になった王貞治は2度目のデビューをしたと言っても良い。

王貞治と松井秀喜の飛距離は？

ただ、王貞治には一つのネガティブな要素がついてまわる。それは「昭和の野球場が小さかった」ということだ。両翼100m中堅122mの東京ドームが開場したのは1988年、それ以前のプロ野球では両翼90m、中堅110mがスタンダードなサイズだった。

公認野球規則2・01「競技場の設定」には、1958年6月1日以降にプロ野球球団が新設する球場は、両翼325フィート（99・058メートル）、センター400フィート（121・918メートル）以上なければならないというものがある。本来ならこの規則に則って球場を大型化すべきだったが、コストと「本塁打が減れば人気にかかわる」という理由で、NPBは1988年まで小さな球場でペナントレースを続けていたのだ。

今の球場では100m以下の飛距離のホームランは、ランニングホームラン以外はほとんどあり得ない。王のホームランの内、何割かは今の球場なら外野フライになったのではないか？

王貞治の全本塁打の飛距離は宇佐美徹也編著『ON記録の世界』（読売新聞社）という本に残されている。またNPB時代の松井秀喜の本塁打も報知新聞の手で記録されてい

飛距離	王貞治 通算868本塁打	松井秀喜 通算332本塁打
99m 以下	102 本（11.8%）	4 本（1.2%）
100－109m	289 本（33.3%）	27 本（8.1%）
110－119m	286 本（32.9%）	72 本（21.7%）
120－129m	142 本（16.4%）	110 本（33.1%）
130m 以上	49 本（5.6%）	119 本（35.8%）

る。

東京ドーム開場以後にデビューした松井と、東京ドームができる前に引退した王貞治の本塁打の飛距離を比較してみる（上の表）。

王貞治の100m未満のホームランは102本、これを差し引いても766本となる。バリー・ボンズが762本だから、辛うじて首位の座を守ったことになる。

松井秀喜の全本塁打の68・9%が120m以上だったのに対し、王は22%、パワーでは見劣りするが、王のホームランの大半は今でもフェンス越えだったはずだ。

「フライボール革命」とは別物

今のMLBは「フライボール革命」の時代だと言われる。第6章で詳述するが「フライボール革命」とはバットスピードを上げて打球速度を最大化し、その打球をバレルゾーンと呼ばれる角度で打ち込んでフライを打ち上げる打法だ。安打、長打よりも得点効率が高いホームランをひたすら狙うという考え方だ。

史上最多ホームランの王貞治は「フライボール革命」の先駆者だったのか？　どうやらそうではないようだ。

「フライボール革命」では、フルスイングが基本になるため、どうしても空振り、三振が多くなる。フライボール革命以後のMLBの代表的な打者であるジャンカルロ・スタントン、アーロン・ジャッジ（ともにヤンキース）、大谷翔平（ドジャース）と、当代NPBの強打者である中村剛也（西武）、村上宗隆（ヤクルト）、岡本和真（巨人）の通算本塁打数と三振数、そして1本塁打当たりの三振数（SO/HR）はこうなっている。

スタントン　429本塁打／1963三振 SO/HR 4.58

ジャッジ　315本塁打／1209三振 SO/HR 3.84

大谷翔平　225本塁打／917　三振 SO/HR 4.08

中村剛也　478本塁打／2121三振 SO/HR 4.44
村上宗隆　224本塁打／913　三振 SO/HR 4.08
岡本和真　233本塁打／763　三振 SO/HR 3.27

6人とも1本のホームランを打つために3〜4個の三振を喫している。「三振はホームランのコスト」と言われるゆえんだ。

バットスピードが上がると多少の打ちそこないでもフェンス越えをすることがある。大谷の反対方向の一発など、まさにそれで、そのためにもとにかくフルスイングが大事だったのだ。

では、王貞治はどうだったのか？

王貞治　868本塁打／1319三振 SO/HR 1.52

なんと1本のホームランを打つ間に1・5個強しか三振していない。

前述のとおり、若いころは「王、王、三振王！」と言われた粗い打者で、プロ2年目の1960年には101三振を喫しているが、1962年に一本足打法を会得してから三振は減り続け、72年48本塁打43三振、73年51本塁打41三振、74年49本塁打44三振、76年49本塁打45三振、77年50本塁打37三振と、本塁打数が三振数よりも多い年が5年もあった。

王の場合、ボールをじっと凝視し、狙いすましてボールの芯を打ち抜いていたのだ。ストライクゾーンを外れた球には見向きもしなかった。この点、王貞治は、同じ左打者であり、巨人の正一塁手の前任者である川上哲治の流れをくむ打者だと言える。

川上はめったに三振をしない打者で、1951年は97試合424打席に立って6回しか三振をしなかった。この年、当時のプロ野球最高打率の.377で3回目の首位打者を獲得しているが、振り回すのではなく、確実にミートする打者だった。

王貞治は打撃コーチ荒川博の弟子だと言われるが、川上が引退した翌年に巨人に入団した王を川上はコーチ、監督として16年間も指導している。その打撃技術を継承したと考えるべきではないか。

巨人の一塁手は1938年に川上が入団してから1980年に王が引退するまでの43年間、川上と王の2人しかいなかった。この2人が日本独自の打撃技術を頂点まで磨き上げたのではないか。

もちろん、王貞治の時代と現在では、投手も大きく変わっている。今の投手は155㎞/h超の速球や変化量の大きな変化球を何種類も投げる。今、王貞治の打法でどれだけホームランが打てるかは大いに疑問ではあるが、日本野球の打撃技術の金字塔として王貞治の868本塁打は、今後も輝き続けることだろう。

筆者は、大阪球場やナゴヤ球場で現役時代の王貞治を見ている。高く足を挙げたまま打席で微動だにしなかった王の姿を生で見たことを、今後も自慢話にしたいと思う。

〝天皇〟金田正一の400勝

王貞治の868本塁打の更新は至難の業ではあるが、MLBで主流になっている「フライボール革命」がNPBでも普及して、素質ある選手が純粋に「本塁打だけ」を狙うようになれば、王の記録に迫るのは「絶対に不可能」とまでは言えない。しかし金田正一の400勝は「投手の分業」「ローテーション」という今の野球が変わらない限り、更新は不可能だ。

金田は1950年にプロデビューし、1969年に引退した。キャリア20年で400勝、毎年20勝を20年間続けたことになる。

2005年から2024年までの20年間、両リーグで最も勝ち星を挙げた投手の勝利数を合算しても、340勝にしかならない。この間、20勝投手は2008年、楽天の岩隈久志（21勝）、2013年同じく楽天の田中将大（24勝）の2人しか出ていない。プロ野球というスポーツが、大きく変わらない限り、金田正一の記録はすべての投手の上に輝き続けることになる。

弱小チームで353勝

筆者は、金田の現役時代を辛うじて知っているが、それは巨人の背の高いベテラン投手としてだった。大スターの長嶋茂雄を「おい、シゲ！」と呼び捨てにするなど横柄な印象だったが、金田正一の全盛期は巨人時代ではなく、同じセ・リーグの国鉄スワローズ時代だった。

国鉄は、その名の通り日本国有鉄道が球団を保有し1950年のセ・パ分立時にセ・リーグに加入したものだ。金田は創設1年目に入団したが、金田が移籍する1964年

金田の所属球団別の投手成績							
球団	期間	登板	勝	敗	回	三振	防御率
国鉄	1950 ～ 64	814	353	267	4920	4065	2.27
巨人	1965 ～ 69	130	47	31	606.2	425	2.83

まで一度も優勝したことはない。そんな弱小チームで、金田はアンタッチャブルな400勝の大部分を稼ぎ出したのだ。

金田の所属球団別の投手記録は上の表の通り。金田が在籍した期間の国鉄は833勝1070敗（勝率 .438）だから、金田はひとりでチーム勝利数の約4割を稼いでいたのだ。金田は弱い国鉄にあって孤軍奮闘していたのは間違いない。

金田は後年「わしが最初から巨人に入っていたら500勝はしておったろう」と言った。国鉄の勝率 .438 に対し、同じ期間の巨人の勝率は .613（1173勝739敗）だから、あながちほら話とは言えない。

まさに金田は国鉄の大黒柱だった。国鉄は金田が退団した1964年オフに、当時から一部の株式を保有していた産経新聞社に持ち株全てを売却したが、これは当時の国鉄総裁が「金田がいない球団を持っていても仕方がない」と思ったからだと言う。一方の金田は「国鉄が株を売り渡すと言うから移籍したんや」と言っている。真偽は不明だが、ともかく金田あっての国鉄だったのは間違いない。国鉄時代にメディアが言った「金田天皇」という言葉は決して大げさではない。

「400勝」の背景にあるもの

金田がなぜこれだけ傑出した成績を挙げることができたのか？

一つには、彼が当時としてはずば抜けて大柄だったことがある。身長184cmは、今のプロ野球なら平均より少し上程度だが、1950年代の成人男性の平均身長は162cm前後、プロ野球選手でも170cm程だった。この時代に184cmの上背から投げ下ろす球は圧倒的な威力があった。NPBで300勝投手は5人いるが、米田哲也180cm、小山正明183cm、鈴木啓示181cm、別所毅彦181cm、ヴィクトル・スタルヒン191cmと、全員が当時としてはずば抜けた長身だった。

もう一つは、金田が「高校中退」で入団したこと。金田は愛知・享栄商の3年に上がる前に国鉄に入団している。まだ16歳だった。すでにプロで通用する実力があったが、デビューが他の選手よりも早かったのが大きい。また1950年はプロ野球がセ・パ2リーグに分れたばかりであり、戦力が整備されていない球団も多く、実力差が大きかった。金田は巨人、阪神などにはあまり通用しなかったが、西日本、広島、大洋など新興チームから多く勝ち星を挙げた。そういうレベルからスタートして、次第に実力を蓄えていったのだ。

そして何より大きかったのは「故障しなかった」こと。金田は独自のトレーニング法を磨くとともに食生活にも細心の注意を払った。デビュー当時、貧しかった金田の肩には家族全員の生活が懸かっていた。絶対に故障できないと言う責任感があったのだ。動画を見ると、今の投手とは異なり、金田正一は、ゆったりとした無理のない動作からボールを投げ込んでいる。打者との実力差もあったが、金田は自らの努力で「怪我をしない投球術」を編み出したのだ。

弱かったから勝てた

ただ、金田が前人未到の「400勝」を挙げることができたのはその実力に加え「弱小球団だったから」という側面も実はあるのだ。

NPBの300勝投手と所属球団別の勝利数は次頁の表のようになっている。

1955年7月30日、スタルヒンが史上初の300勝投手となり、1959年10月14日に別所が2人目となったが、この2人は巨人、南海と言う強豪チームのエースとして

NPBの300勝投手と所属球団別の勝利数		
金田正一	400勝	国鉄353勝、巨人47勝
米田哲也	350勝	阪急338勝、阪神10勝、近鉄2勝
小山正明	320勝	阪神176勝、東京・ロッテ140勝、大洋4勝
鈴木啓示	317勝	近鉄317勝
別所毅彦	310勝	南海89勝、巨人221勝
V.スタルヒン	303勝	巨人199勝、パシフィック・太陽9勝、金星・大映80勝、高橋・トンボ15勝

勝ち星を積み上げた。

しかし、それ以降に300勝を達成した投手の多くは、毎年優勝に絡むような強豪チームのエースではなかった。たまに優勝することはあるが、Bクラスに沈むことが多い球団で投げまくっていたのだ。2位の米田哲也がいた阪急は、1967年に西本幸雄監督の采配で初優勝して以降、強豪チームになっていくが、それまでは「灰色のチーム」と言われ、下位に低迷していた。米田はその「灰色の時代」に209勝を挙げている。

弱小チームの多くは、シーズン前半でペナントレースから脱落する。あとは個々の選手が「個人記録」に走ることになる。主力選手、中心選手は自分の記録のために融通を利かせてもらうことが可能になる。

西本幸雄は1974年に近鉄の監督になった当時を「選手はみんなバラバラで野球をしていた。マウンドでは鈴木啓示が一人で勝手に投げていた」と述懐したが、そういう状況だったのだ。

反対に、巨人は1960年代からMLBの選手起用を真似て投手のローテーションを組んでいた。巨人の歴代最多勝は南海から来た別所毅彦の221勝、200勝投手は他に203勝の堀内恒夫がいるだけ。むしろ強豪チームでは、こうした「大投手」は生まれないのだ。

記録への執念

弱小国鉄時代から、金田正一は「記録」に異様な執念を抱いていた。

1957年6月19日の巨人戦で、スタルヒンが持っていたプロ野球通算最多奪三振記録を抜く1967奪三振を達成。それからわずか5年の1962年9月2日の巨人戦で8三振を奪い、ウォルター・ジョンソンが持つMLBの奪三振記録に並ぶ3508奪三振を記録。

優勝に縁がなかった国鉄の記事が紙面に大きく躍るのは、金田が大記録を作ったときだけだった。

金田がとりわけ執念を抱いていたのは「連続20勝記録」だった。最終的には前人未到の「14年連続」を記録するが、10年目の1960年は、オフに事故に遭って故障したこともあり、やや不振。残り6試合となった9月29日の中日戦でようやく19勝。気が気ではなかった金田は翌日の同じカード、プロ未勝利だった島谷勇雄が4回まで無失点に抑えていた5回に、「わしが投げる」とばかりに勝手にマウンドに上がった。しかし宇野光雄監督は審判に交代を告げない。金田は憮然とした表情でマウンドから降りて、ボールをベンチ前で叩きつけた。

しかし島谷が5回に先頭の横山昌弘に三塁打を打たれると、金田はまたも勝手に審判に「次、わしが投げるから」と告げてマウンドに向かった。宇野監督もしぶしぶ審判に交代を告げることとなる。金田は5回を締めくくり無事20勝を挙げたが、翌日の新聞は金田の大記録をたたえつつも「大記録を汚す態度」と批判した。この時、金田に勝ちを譲った島谷は結局、未勝利のまま引退している。

金田の400勝は、巨人に移籍して5年目の1969年10月10日の中日戦で達成され

選手名	安打	実働期間	実働年
張本勲	3085	1959－1981	23
野村克也	2901	1954－1980	26
王貞治	2786	1959－1980	22
門田博光	2566	1970－1992	23
衣笠祥雄	2543	1965－1987	23
福本豊	2543	1969－1988	20
金本知憲	2539	1992－2012	21

たが、この試合も先発の城之内邦雄が4回まで投げ、5回以降をつないだ金田が1失点で試合を完了させたものだ。金田の400勝は確かに空前の大記録だが、こうした「金田天皇」ならではの横車を押すような行為が散見されるのだ。選手のマナー、ふるまいに対するチェックが厳しくなっている昨今なら、こうした専横は、許されないのではないか。そういう意味でも、金田正一は「過ぎし時代の大投手」だと言えよう。

「安打製造機」張本勲の3085安打

3000本安打は、MLBの基準でも「野球殿堂入り」の十分条件だと言われている。日本出身で初めて3000本を打ったイチローは2025年の殿堂入り投票で、有資格1年目に選出された。

上にNPBで2500安打を打った打者をあげた。NPBよりも試合数が多いMLBでも3000本安打は、先日死去したピート・ローズの4256安打を筆頭に33人しかいない。NPBでは2500本以上でも7人しかいない。張本から福本まではすべて昭和時代に活躍した打者だ。平成以降の選手では、金本知憲（実働1992～2012）が最多安打となっている。全員殿堂入りした。

「3000本」に届かなかった打者たち

張本勲の「3000本安打」は、王や金田の記録とは異なり「抜く可能性があるのでは？」と思わせる選手が何人かいた。

その筆頭がイチローだ。張本は高卒1年目の1959年から東映のレギュラー、中軸となり1年目から115安打、以後、毎年100安打以上を打ち、7年目の1965年オフには979安打を積み上げていたが、同じく高卒で1992年にオリックスに入団したイチローは2年目まではレギュラーになれず36安打だったが3年目の94年にNPB記録の210安打を打つとそこから安打を量産し、7年目の1998年オフには張本を上回る984安打を打っていた。

筆者は当時、イチローが張本の記録を上回るのは確実、と思っていたが2001年、イチローは日本人野手としては初めて、阪神の新庄剛志と共にMLBに移籍した。以後の活躍は諄々《くどくど》しく説明するまでもない。MLB通算3089安打、日米通算4367安打を打った。これをしてイチローがピート・ローズの記録を抜いた、とか、張本勲を凌駕したという向きもあるが、筆者はNPBとMLBの記録は別物だと思う。ただイチローがNPBに残留していれば張本の記録を抜いた可能性は高かっただろう。

これに続いて、松井稼頭央にもその期待があった。1995年、PL学園から西武に入団した松井は2年目には134安打を打ち、7年目の2001年を終えた時点では張本、イチローを上回る1061安打を打っていた。しかしイチローがMLBで活躍しているのを見てMLBに挑戦する希望を抱き、9年目の2003年オフにメッツに移籍。この時点でNPBでは1433安打を打っていた。残念ながらMLBでは松井は「存分に活躍した」とは言えない。MLB7年間で2302打数615安打、打率.267に終わった。

2011年に楽天でNPBに復帰、以後、2018年に西武でキャリアを終えるまで657安打を加え、NPB通算2090安打としたが、松井がMLBに挑戦せずに7年間NPBでプレーしていれば、年平均150安打は確実だっただろうから、約1050

本を上乗せしてNPB通算3140安打程度になっていたはずだ。もちろん「MLBに行かなかった方が良かった」は、あと付けではあるが、筆者はひとりで切歯扼腕していたことではあった。

もう一人、当代の巨人、坂本勇人にも「張本勲超え」の期待があった。

彼は光星学院高から巨人に入団して2年目の2008年に134安打を打ち正遊撃手になった。7年目では953安打、そして2020年11月8日、榎本喜八（通算2314安打）の31歳7か月に次ぐ、31歳10か月で2000本安打を記録。この年はコロナ禍で試合数が少なく119安打だったが、前年まで4年連続で150安打以上を打っていたから、このペースであと7年活躍すれば張本の牙城に迫る、と思われた。最大のネックは守備の負担が大きい「遊撃手」であること。それでも大いに期待したが、坂本はその後4年で412安打。通算2415安打。2024年から三塁にコンバートされたが、3000本安打は厳しい状況になっている。

2022年頃からNPBは極端な「投高打低」になっている。リーグ平均打率は.240台。安打を量産するには厳しい環境だ。それに加え、前述のようにNPBの強打者の多くは「MLB志向」だ。NPBに残っていれば達成できるであろう大記録も、難しくなっている。張本勲の通算3085安打は、そうした環境の変化もあって、アンタッチャブルになっている。

巨人に移籍して人気に

張本勲と言えば多くの読者には、日曜日のニュース番組で「喝!」と叫んでいた怖そうなおじさんという印象しかないはずだ。

王貞治と同じ1940年生まれで、パ・リーグの東映フライヤーズに入団。当時のパ・リーグはテレビ中継がほとんどなかったし、ニュースのスポーツコーナーで動画が流れることもなかった。また東映は1962年にリーグ優勝して日本シリーズに出ただけ。「動く張本」をテレビで見るのはオールスター戦だけ、という状態だった。

筆者は1975年8月5日、大阪の日生球場での近鉄 - 日本ハム戦で張本を観ている。前年に日拓ホームから球団を買収した日本ハムは、大杉勝男、白仁天、大下剛史など東映時代の主力選手を次々と放出していた。張本もその対象になっているとされ、当時のスポーツ紙は「張本、巨人移籍か?」と書き立てていた。この日の観客数は球団発表で

6500人、実際はもっと少なかっただろう。近鉄側のスタンドからは「はりもとー、お前は悩みを持っている」「野球どころやないはずや！」とヤジが飛んでいたが、張本は近鉄サイドを一瞥して、にたっと笑うや、火を噴くような安打を打った。5回には3ランホームラン。この日3安打。強烈な印象だった。

はたして、翌76年巨人に移籍した張本は、同学年の王貞治と3番4番を組んだ。

張本勲の打撃フォームはそれまで見たことが無いものだった。いわゆるノーステップで、一度足の位置が決まると、あとは微動だにしない。テイクバックも一切なし。バットを高く掲げ、トップの位置からシンプルに振り下ろすだけ。しかし打球は鋭いライナーになった。衝撃的だった。この時期、テレビで見た張本のフォームを真似する子どもがたくさん出たものだ。

巨人移籍1年目に張本は中日の谷沢健一と激しい首位打者争いを演じ、わずか6糸(.00006)差で2位になった。セでもパでもその打撃技術は超一流だったのだ。

ハンデを乗り越えて

張本の少年時代は過酷だった。母親が彼を腹に宿したまま朝鮮半島から海を渡って広島に着き、そこで誕生している。5歳の時には広島で被爆している。激しい差別も受けた。また右手は火傷によって親指と中指以外の自由を失うと言うハンデを負った。

高校は広島の松本商業定時制に進むが、野球の資質を見込まれ、兄の仕送りで大阪の浪商高に進む。ところが張本とは無関係の暴力事件によって、甲子園出場の道を断たれた。それでも張本の打撃の才能は、すでにプロ野球関係者の知るところとなり、高校卒業時には9球団から声がかかったと言う。

浪商関係者の多かった東映に入団した張本は、すでにレギュラークラスと評価され、1年目の1959年4月10日の阪急との開幕戦では「6番左翼」でスタメン出場した。当時の新聞には「ボール球に手を出さなければ」というコメントが散見されるが、これもすぐに克服し打率.275（16位）で新人王を獲得。そして翌年から15年連続で打撃ベスト10に名前を連ねることになる。

張本勲は他に類を見ない巧みなバットコントロールに加え、左手一本で軽々とスタンドに放り込むような抜群の膂力《りょりょく》の持ち主だった。右手が不自由な中、左手一本でバットコントロールを磨き上げたのだ。それに加え、走力もトップクラス。張本はNPBでは唯一500本塁打、300盗塁を記録している。脚力で安打にしたケースも多かった。

本塁打王、盗塁王のタイトルはないが、抜群の身体能力の持ち主だったのだ。

ただ、守備は苦手だった。張本は左投げ左打ちで左翼を守っていた。障害のある右手でグローブをはめていたが、しっかり固定できなかった。だから捕球は苦手。また送球も苦手で、巨人時代は、左翼に飛球が上がると遊撃手の河埜和正が外野方向に走るのが常だった。張本自身も自信なさげに打球を追いかけていた。守備でこれだけのハンデがありながら使われ続けたのは、張本勲がそれだけ傑出した打者だったからだ。

また彼が17年間所属した東映フライヤーズ・日拓ホームフライヤーズ、日本ハムファイターズが、あまり優勝に絡まないチームだったことも大きい。そういう意味では金田正一と同様、「個人記録に走ることができる状況」だったことが「大記録」につながったと言う側面もあった。

張本勲は、1982年に設立された韓国プロ野球（KBO）の特別補佐官を2005年まで務めた。東映時代の同僚の白仁天を韓国球団に紹介するなど、今や日本のライバルとなったKBOの発展に尽力した。

NPBでの指導者の経験は、臨時コーチを除きほとんどないが、解説者としても長く日本野球を見つめてきた。「喝！」で知られるご意見番、そして昭和野球のレジェンドとして、その存在感はますます大きくなっている。

「自然体」福本豊の1065盗塁

「盗塁」は、安打、本塁打などの他の打撃記録とは少し違った性格を持っている。安打、本塁打などの記録は、選手個人の能力によるところが大きいが、盗塁はチームの作戦、戦術に関わる部分が大きい。試合展開にもよるが、チームがゴーサインを出さない限り、勝手に盗塁できないケースが多いのだ。

また、一塁に出た選手が全員「盗塁」を目指すわけではない。それなりの脚力があっても、盗塁する選手は限られている。つまり「盗塁」は、個人の能力に加えて、チーム方針やその選手の野球のスタイルに左右される部分が大きいのだ。福本豊のこの記録を考えるときに、その事は頭に入れておく必要がある。

大豊作の年に

王貞治、金田正一、張本勲は1965年に始まった「ドラフト制」以前の選手だが、

2000本安打	
2543安打	阪急7位　福本豊（松下電器）
2339安打	広島1位　山本浩二（法政大）
2204安打	中日3位　大島康徳（中津工高）
2057安打	東京1位　有藤通世（近畿大）
2055安打	阪急2位　加藤秀司（松下電器）
1000本安打	
1532安打	阪神1位　田淵幸一（法政大）
1514安打	中日9位　島谷金二（四国電力）
1334安打	南海4位　藤原満（近畿大）
1087安打	南海1位　富田勝（法政大）
200勝投手	
284勝	阪急1位　山田久志（富士製鉄釜石）
251勝	西鉄1位　東尾修（箕島高）
100勝投手	
146勝	中日1位　星野仙一（明治大）
128勝	東映4位　金田留広（日本通運）
121勝	大洋1位　野村収（駒沢大）
108勝	中日2位　水谷則博（中京高）

福本は１９６８年のドラフトを経て阪急ブレーブスに入団した。

ドラフト会議の歴史も60年を数えるが、この１９６８年のドラフトは「空前絶後」といってよい「大豊作」だった。

１９６８年ドラフトで入団した主要選手を前頁に記した。名球会入りした選手が７人、野球殿堂入りした選手が６人。まさに空前の豪華さだった。

このほかに史上最高の遊撃手と言われる大橋穣（東映1位、亜細亜大）、西武の代打の切り札だった大田卓司（西鉄9位、津久見高）、広島初優勝時の正捕手、水沼四郎（広島2位、中央大）などもこの年のドラフト。

こうした有望選手が、いろいろな球団の主力になるのと対照的に、当時「一強」を誇った巨人にめぼしい選手が入団しなかったことで、その後の「戦力均衡」が進んだと言う一面もある。

福本は、社会人の松下電器でプレーしていたが、強打で知られたチームメイトの加藤秀司を見に来た阪急のスカウトが「足が速くてちょっと面白そうだから」と7位で〝ついでに〟指名したのだった。その福本が、並みいるドラフト同期を押しのけて、この年のドラフト入団選手の通算最多安打になるのだから、野球史は面白い。

選手名	盗塁	実働期間	実働年
福本豊	1065	1969－1988	20
広瀬叔功	596	1955－1977	22
柴田勲	579	1962－1981	20
木塚忠助	479	1948－1959	12
高橋慶彦	477	1975－1992	18

圧倒的な通算盗塁数

ＮＰＢの通算盗塁数5傑を上に示す。福本と2位の広瀬とは実に倍近い差になっている。福本の盗塁数は破天荒と言ってよい。

２０２４年、阪神の近本光司が新人から通算で5回目の盗塁王になったが、盗塁数はわずか「19」。近本の通算は１６８盗塁なので福本に追いつくには50年近くかかる計算になる。

前述したとおり、盗塁はそもそもの能力（脚力、判断力）に加えて、チームオーダーや本人の「走る意志、意欲」の問題が絡んでくる。

盗塁王（最多盗塁）は、１９３６年に日本プロ野球が発足した時から「リーグ表彰」の項目であり、公式タイトルではあった。しかし、昭和中期まで、日本球界は盗塁をそれほど重視していなかった。端的に言えば「走りたい選手が走っている」状況だ

年	盗塁成績	成功率
1961年	42盗6死	0.875
1962年	50盗9死	0.847
1963年	45盗7死	0.865
1964年	72盗9死	0.889
1965年	39盗8死	0.830

った。

また、日本プロ野球では1941年まで「盗塁死」を記録していなかった。盗塁を失敗して二塁でアウトになっても、誰も関心を払わなかったのだ。

広瀬叔功の背中を追いかけて

そんな中で、盗塁を「技術」として確立したのが、南海ホークスの広瀬叔功だった。広瀬は、野村克也の1学年下で、野村同様、高校からテスト生として入団し、頭角を現した、たたき上げだ。1964年には当時の右打者の最高打率である.366（456打数167安打）で首位打者を取っているが、盗塁に関しては「成功しなければ元も子もない」「僅差の得点差でしか仕掛けない」「2ストライク後は（打者の邪魔になるから）走らない」などの信条を持っていた。広瀬は1961年から5年連続で盗塁王になっている。その記録を上に示したが、5年間の盗塁成功率はすべて８割超と極めて高かった。

福本は、広瀬同様、たたき上げの選手だ。入団時、阪急の外野にはスラッガーの長池徳士、好守好打の大熊忠義、勝負強い矢野清、外国人打者のウインディなど強力なライバルがひしめいていた。そんな中で、ドラフト７位の福本が生き残るためには、何らかの「武器」をアピールする必要があった。それが「盗塁」だったのだ。

福本は２年目の１９７０年に75盗塁15盗塁死で初の盗塁王に輝いた。75盗塁は当時、１９５６年の阪急、河野旭輝の85盗塁、１９５０年の南海、木塚忠助の78盗塁に続く史上３位の記録。ここからにわかに「福本の足」への注目度が高まったのだ。

１９７１年にも67盗塁で２年連続の盗塁王となった福本は、１９７２年、10年前にドジャースのモーリー・ウィルスが記録した１０４盗塁のＭＬＢ記録に挑戦した。この年７月、盗塁数が「80」を超えると、球団は福本の足に「１億円」の保険をかけた。マスコミは福本の盗塁を追いかけるようになった。

９月22日、本拠地西宮球場での近鉄戦、第１打席、四球で出塁すると、スタンドに向かってＶサインで盗塁予告をし、執拗な牽制をかいくぐってウィルスに並ぶ１０４盗塁を記録、さらに９月26日の西宮球場の南海戦の３回に、ついにＭＬＢ記録を抜く１０５

盗塁を記録した。この時の南海の投手は新人の野崎恒男、捕手は監督兼任の野村克也だった。野崎は6回も牽制球を投げたが、それをかいくぐっての盗塁だった。海の向こうのモーリー・ウィルスは「俺を抜くな」とコメントし、プレッシャーをかけていた。

この試合で阪急は5度目のリーグ優勝を決定。この年、福本はMVPを受賞する。「足」だけのMVPも史上初のことではあった。王貞治がヘンリー・アーロンの本塁打記録755本を抜いたのは1977年9月3日のことだが、福本はその5年前にMLBと比較される記録を作ったのだ。

福本も広瀬と同様「盗塁成功率」にこだわっていた。しかし、同時に「福本の盗塁」が注目されるようになって「盗塁数」にこだわり始めたのも事実だった。このために、福本の盗塁成功率は、広瀬よりも低い。

福本豊　1065 盗塁 299 盗塁死/成功率 .781
広瀬叔功　596 盗塁 123 盗塁死/成功率 .829

福本豊の活躍は、プロ野球そのものにも変化をもたらした。

野村克也は、福本対策で、投手の「クイックモーション」に力を入れた。「クイックモーション」そのものは、西鉄の三原脩監督が、主として南海の俊足打者に対応するために編み出したものだが、野村は足を上げるタイミング、ボールをリリースするタイミングなどを個々の投手と共に考え「クイック」を進化させた。野村は自身が「弱肩捕手」だっただけに、余計に「クイック」にこだわったのだ。

1965年から巨人は空前のV9（リーグ、日本シリーズ9連覇）を果たしたが、この間、日本シリーズで5回阪急と対戦した。1971年以降、福本豊の「足」を封じることが最大の課題になったが、巨人は最初の「先乗りスコアラー」と言われる小松俊広を阪急の試合に張りつかせ、福本がスタートするときの「癖」や、走塁の特徴などを徹底的に調べ上げ、捕手の森昌彦やエースの堀内恒夫とともに、対策を練った。このため1971年の日本シリーズでは福本は1つしか盗塁ができなかった。

いわば福本豊と言う「新兵器」が登場したことで、ライバルチームは先を争ってその対策を練り、結果的に「盗塁阻止技術」を進化させたと言うことができる。

そんなんもろたら……

1983年6月3日の西武戦の9回、福本は三盗に成功してMLBのルー・ブロックが持つ通算938盗塁のMLB記録を抜く939盗塁を達成した。

この試合の1回に、福本は盗塁を決めてMLB記録の938に並んだ。中盤で福本には「盗塁」のサインが出たが、福本は走らなかった。「5点差（で負けていた）やったもん」と語ったが、9回、その5点差にもかかわらず走ったのは、西武の救援、森繁和が二塁に執拗に牽制球を投げてきたからだと言う。「何を！」とカチンと来て三盗したのだ。前述したように盗塁は、選手の「走る意志、意欲」に拠るところが大きいのだ。

福本の盗塁記録は、王貞治の「756本塁打」に続く快挙だとして、ときの中曽根康弘政権は国民栄誉賞を授与すると決めたが、福本は「そんなんもろたら立ちションもでけへんようになる」と言って辞退したと言う。よく考えてみれば、国民栄誉賞を貰わなくても「立ちション」は、軽犯罪法違反の恐れがあるのだが。

MLBでは1982年にアスレチックスのリッキー・ヘンダーソンが130盗塁を記録。また通算でもヘンダーソンが1406盗塁を記録。福本の記録はシーズン、通算ともに「世界記録」ではなくなっている。しかしNPBでは「アンタッチャブル」なままだ（リッキー・ヘンダーソンは２０２４年12月、65歳で死去）。

筆者は20年ほど前に「冬の味覚、カニ」について福本に話を聞いたことがある。「カニは大好物や」と相好を崩したが、福本は北陸のカニが名物の旅館に泊まると、セコガニ（メスのズワイガニ、小型で卵巣を食べる）を皿に山盛り持って来させて、それを一晩中食べ続けるのだと言った。

「ほかはなんにもいらんねん」

一つのことを極める人は、こういうものなのか、と感じ入ったのを覚えている。

1-2　シーズン記録のアンタッチャブル

アンタッチャブルと言われるシーズン記録を達成できるのは、抜群の能力を持つ選手なのは間違いないが、それに加えて「運」が大きくものを言う。稲尾和久の「42勝」、江夏豊の「４０１奪三振」、イチローの「２１０安打」は、単なる数字ではなく、いろんなエピソードに彩られている。

惜しい！　稲尾和久の42勝

今や「伝説の投手」と言っても良い稲尾和久。シーズン42勝は、20勝投手さえめったに出ない今からすれば、見上げるような大記録だ。

しかし、この記録は「1位タイ記録」だ。1939年に当時巨人のヴィクトル・スタルヒンも「42勝」を挙げている。なぜ稲尾は「タイ記録」でとどまったのか。そこには因縁があるのだ。

稲尾は温泉で有名な大分県別府市の生まれ。野球的には全く無名の別府緑丘高校を経て西鉄に入団した。スカウトは「打撃投手にでも使えれば」と稲尾を獲得したと言う。その通り、春季キャンプで稲尾は早々に「投手失格」の烙印を押され打撃投手になった。稲尾は来る日も来る日も打者を相手に毎日1時間、約480球を投げ込んだ。キャンプの終わりころになると、黙々と投げる稲尾の投球を中西太、豊田泰光、大下弘ら主力打者は芯でとらえることができなくなった。主力打者は「あいつが打撃投手だと、練習になりません」と三原脩監督に訴え、投手に戻されたと言う。

このキャンプ中に、稲尾はビーフステーキを生まれて初めて食べたが、その効果もあったのか身長が5㎝も伸びたと言う。チームメイトたちは「お前、いつの間に大きくなったんだ?」と驚いた。稲尾は、同期の投手が次々と故障する中で、黙々と投げ続け、パ・リーグを代表する投手になっていく。

稲尾は1957年から3年連続で30勝を挙げた。これはNPB記録だ。1958年は33勝10敗、防御率1.42で2年連続のMVP、そして日本シリーズで西鉄は3連敗から4連勝で巨人を下す。4勝はすべて稲尾和久、第5戦では延長10回にサヨナラ本塁打を打ち、「神様、仏様、稲尾様」と称えられる。

しかし日の出の勢いだった西鉄ライオンズは1960年には主力選手が次々と退場し、寂寥感漂うチームになっていた。稲尾自身も20勝と成績を落とす。

全盛期を過ぎた西鉄で

「もはや限界か」と言われた1961年、稲尾和久は球史に残る空前の「シーズン42勝」という大記録を打ち立てるのだ。

プロ入り当初の稲尾は、自身では変化球を投げることを意識していなかったが、スリークオーター気味に投げる球がナチュラルに変化し、スライダーやシュートになっていた。これに加え、1957年には毎日の強打者、榎本喜八への対策としてフォークボールを投げるようになる。そして1961年にはスライダーが「完成した」という。角度が急で鋭く変化する稲尾のスライダーを、当時南海の外野手だった大沢啓二（のち日本ハム監督、解説者、大沢親分）は「光る」と表現した。

「キラッと光って、消える。消えるやつは打てねえな」

稲尾の投球は「速い」と評されることはあまりなかった。制球力が良くて切れのある変化球を外角、内角の打者の泣き所に丁寧に投げ分けることができたのだ。

同時に「勝負に徹した投球ができた」ことも大きいのではないかと思われる。稲尾はキャリアで5回も「リーグ最多敬遠」を記録している。42勝を挙げた1961年は、NPB記録である20敬遠を記録。リーグ最強投手にしては全く意外な記録だが、走者を背負っても次打者を打ち取れる絶対的な自信が、強打者との勝負を避けて「歩かせる」選択につながったのだろう。

この年、西鉄ライオンズの投手陣は「火の車」の状態だった。そこで三原脩監督の後任の川崎徳次監督は「すまんのう、お前しかおらんのじゃ」と言って稲尾を来る日も来る日もマウンドに上げた。

7月11日の南海戦で20勝、8月27日の大毎戦で30勝。この時点で西鉄は40試合を残していた。西鉄球団が日本野球連盟に「シーズン最多勝記録は、何勝か？」と問い合わせたところ「1939年にスタルヒン（巨人）、1942年に野口二郎（大洋）が挙げた40勝だ」との返事が来た。それを聞いた稲尾は記録更新に闘志を燃やした。

10月1日、平和台球場での阪急ダブルヘッダー第1戦に先発して38勝を挙げ、59年南海の杉浦忠が挙げた史上4位タイの記録に並んだ稲尾は、続く第2戦でも救援で勝ち投手となり、あっさりと40勝に王手をかけた。

メディアも「大記録達成はいつか？」と注目するようになったが7日の平和台球場近鉄戦で40勝、そして翌8日、平和台球場の東映とのダブルヘッダー第2戦に先発した稲尾は9回自責点1で完投し、19年ぶりに記録を塗り替える「シーズン41勝」を達成。2万人の大観衆が稲尾を祝福し、スポーツ紙は大々的に稲尾の快挙を報じた。

この年、稲尾は1955年に国鉄の金田正一が記録した「シーズン350奪三振」のNPB記録にも迫っていた。そこで41勝を達成後も2試合に登板し42勝を記録するとともに金田の記録を抜く353奪三振もマークした。

年度	選手名	所属	勝利	敗戦	登板	投球回	防御率
1939	V. スタルヒン	巨人	42	15	68	458.1	1.73
1961	稲尾和久	西鉄	42	14	78	404	1.69
1942	野口二郎	大洋	40	17	66	527.1	1.19
1950	真田重男	松竹	39	12	61	395.2	3.05
1940	V. スタルヒン	巨人	38	12	55	436	0.97
1959	杉浦忠	南海	38	4	69	371.1	1.40

ところが、このシーズンが終了してからスタルヒンの勝利数が問題視された。スタルヒンは1939年の時点では「42勝」とされたが、のちの基準では勝利と見なされない試合が2つあり、40勝に修正されていた。しかし翌1962年3月、コミッショナー事務局は「あとから見ておかしなものであっても、任された記録員の決定はみだりに変えるべきではない」という結論に達し、スタルヒンを「42勝」と再度認定。稲尾和久の記録はタイ記録になってしまった。

シーズン勝利数5傑は上の表の通り。

稲尾の記録更新への執念はすさまじく、41勝を記録した日にはマネージャーを通じ連盟に「記録達成は間違いないですね」と確認したくらいだ。「42勝がタイ記録だとわかっていたら絶対に勝ちに行ったのに。泣くに泣けなかった」と稲尾は述懐している。

この年の稲尾の投手成績を先発、救援に分けると以下のようになる。

先発　30試24勝5敗　　258.1回　率1.67
救援　48試18勝9敗11S　145.2回　率1.73

先発、救援どちらでも今の基準では規定投球回数に到達し、最多勝、防御率1位が確実である。全く大げさでなく、稲尾は今のエース級の投手2人分の仕事をしていたと言える。投球回は先発、救援合わせて404回、投球数は5506球に上った。

稲尾和久は1963年以後急速に衰え、300勝に届かない276勝に終わったが、シーズン42勝は「西鉄ライオンズ」の栄光を象徴する不滅の記録になっている。

天才の証、江夏豊の401奪三振

江夏豊は大阪学院大高から1966年一次ドラフト（この年だけ2回ドラフトがあった）1位で阪神に入団した。出身校は、その時点では甲子園出場はなく、強豪ひしめく大阪では弱小校だった。しかし江夏はそんな中でも一人、抜群の投球を見せ、1966年の大阪府大会では母校を初めて準決勝に進出させている。この年のドラフトでは、江夏は

「ドラフトの目玉」となり、阪神、巨人、東映、阪急の指名を受け、地元阪神が指名権を獲得した。

１９６７年、高卒1年目の江夏は、速球しかない投手で、春季キャンプで自己流のカーブを会得しただけだったが、4月中旬から先発投手陣に加わり12勝を挙げ、ジーン・バッキー、村山実と共に先発陣の一角を占めるようになる。

名コーチ林義一の指導で進化

翌年、林義一が投手コーチとして入団する。林は大映スターズ、阪急で98勝を挙げた軟投派の投手だったが、投手指導で定評があり「名伯楽」と言われた。

林コーチは江夏に「キャッチボールの基本」を徹底的に教えた。林は「キャッチボールには相手がある、相手が捕球しやすくするために、正しい回転のボールを投げなければいけない。正しい回転のボールを投げるためにはどうすればいいのかを考えろ」と指導した。

江夏は「ボールの回転を意識して投げるうちに、制球力がついてくるのが自分でも分かった」と述懐した。もともと右打者のひざ元へのクロスファイアーが武器だったが、これに加えて右打者のアウトローの絶妙のコースにボールを投げられるようになり、投球の幅は格段に広がった。わずか1か月ほどの間に、江夏は抜群の制球力ある投手に変貌したのだ。

江夏の伝記やコメントを見ていると、同じことを教わっても凡庸な投手では短期間でここまで進化することはないだろう、と溜め息が出る。プロ野球から独立リーグの指導者になった野球人は「プロの選手なら二言三言でできるようになることが、独立リーグの選手には何か月たってもできないんだ」と嘆く。プロ野球は「天才の集まり」だが、その中でも江夏は飛び切りの「天才」だったのだろう。

20歳にしてエースにのし上がる

1968年のシーズンが開幕した。初登板となった4月13日のサンケイ戦は5回自責点3で負け投手になったが、以後、江夏は快進撃を続ける。この年、エースの村山実は調子が上がらなかったので、阪神のローテーションは江夏を中心に回っていく。

5月20日の大洋戦は延長12回を一人で投げたが、球数実に213球。この5日前に20歳の誕生日を迎えた江夏は疲れを知らない豪腕になっていった。当時のプロ野球では、エース級の投手は先発の傍ら救援でも投げるのが常だったが、6月は先発で6回マウンドに上がる合間に4回救援でも投げている。

7月19日、前半戦最終のサンケイ戦で9回自責点1で完投。この時点で14勝5敗でハーラーダービートップ。防御率も1.96。

オールスター戦は3試合中2試合に登板。第1戦の4回には張本勲（東映）、野村克也（南海）、船田和英（西鉄）から連続三振を奪っている。

後半戦、8月8日の中日戦ではセ・リーグタイの16奪三振を記録。9月に入って阪神は首位巨人に肉薄し、激しい首位攻防戦を演じる。9月に入ると、江夏は大車輪の奮闘となる。9月1日のサンケイとのダブルヘッダーは1試合目救援、2試合目先発でマウンドに上がった。

天王山の阪神巨人戦で

9月17日からの巨人戦、阪神は首位巨人に2ゲーム差に肉薄していた。その初戦を託された江夏は、試合前の時点で345奪三振。当時のシーズン奪三振記録は前の項でふれた1961年の稲尾和久の353奪三振。江夏はこの記録にあと「8」と迫っていた。

江夏は2回までに4個、3回にも2個の三振を奪う。この日6個目の三振は、巨人先発高橋一三から。これで通算351奪三振。1955年に国鉄の金田正一が記録した「シーズン350奪三振」のセ・リーグ記録を抜く。

続く4回、2番土井正三を三振に仕留め352個、そして4番王貞治も三振に切って取る。これで稲尾の記録に並んだ。しかし江夏は「よっしゃ、稲尾を抜いた」と勘違いした。「まだタイ記録や」と捕手の辻恭彦に言われた江夏は「しまった」と思った。

先輩投手の村山実は、1959年に天覧ホームランを打たれて以降、長嶋茂雄をライバルだと思っていた。江夏が入団して台頭すると村山は江夏に「豊、お前のライバルはあっちやぞ」と王を指さして言った。それ以来、江夏は王貞治を最大のライバルだと思うようになった。

記念すべき奪三振記録は何としても王から記録したい。そう思っていたのだが、計算が狂った。

王貞治にもう一度打席が回ってくるまで、何とか三振以外で打ち取りたい。しかし、この日は首位攻防の大一番でもある。失点するわけにはいかない。江夏はそこで、早めにストライクを投じ、打たせて取る手に出た。

月	登板	勝敗	投回	打者	球数	安	三振	四球	責	防率
4月	5	3勝1敗	32.0	125	527	21	39	9	8	2.25
5月	8	3勝1敗1S	47.0	200	765	37	54	26	16	3.06
6月	10	4勝3敗	54.0	200	764	29	83	12	12	2.00
7月	7	5勝1敗1S	50.2	175	725	19	57	7	4	0.71
8月	7	5勝2S	50.1	185	766	26	66	15	7	1.25
9月	9	4勝5敗	71.0	282	1171	49	80	27	23	2.92
10月	3	1勝1敗	24.0	92	371	19	22	5	8	3.00
	49	25勝12敗	329.0	1259	5089	200	401	101	78	2.13

「でも、下位打者の森昌彦や投手の高橋一三は普通に投げても三振を取ってしまいそうだ」

そう思いながら江夏は投げ、１安打を打たれただけで三振なし、無失点で打者を退け、７回、また王貞治に打席が回ってきた。

甲子園の観客もこの状況を知り、江夏、王に口々に声援を送った。異様な雰囲気の中、対戦が始まった。

１球目、外角ストライク、２球目ファウル、３球目ボール。４球目に投じた速球を王貞治は思い切り空振り。この瞬間、ＮＰＢ記録のシーズン３５４奪三振が生まれた。

王貞治は、三振しないために「当てていこう」とはしなかった。江夏の投球を真正面から受け止め三振したのだ。江夏はライバルに恵まれた幸せを感じた。

この年の江夏の月間投手記録を記す（上の表）。

年度	選手名	所属	奪三振	投球回	防御率
1968	江夏豊	阪神	401	329	2.13
1961	稲尾和久	西鉄	353	404	1.69
1955	金田正一	国鉄	350	400	1.78
1970	江夏豊	阪神	340	337.2	2.13
1959	杉浦忠	南海	336	371.1	1.40

MLBの奪三振記録も抜く

江夏はその後も三振を奪い続け、10月8日の中日戦の2回、新宅洋志から383個目の三振を取る。これはMLBでドジャースのサンディ・コーファックスが1965年に記録した382奪三振を超える〝世界記録〟だった。

10月10日の最終登板の中日戦でも8奪三振を記録し、シーズン奪三振は401となった。シーズン奪三振の5傑は上の表の通り。投手の分業が進み投球回数がはるかに減った今のプロ野球では、江夏の奪三振記録は、はるかな高みにある。これもアンタッチャブルな記録だろう。

天才投手江夏豊にとっても「いつでも、思い通りに、あらゆる打者から三振を奪うことができる境地」に至ったのは、この1968年が最初で最後ではなかったか。

年	選手	所属	安打	試合	H/G
2015	秋山翔吾	西武	216	143	1.51
2010	M. マートン	阪神	214	144	1.49
1994	イチロー	オリックス	210	130	1.62
2010	青木宣親	ヤクルト	209	144	1.45
2010	西岡剛	ロッテ	206	144	1.43

双葉より芳し、イチローの210安打

ＮＰＢのシーズン安打記録は２０１５年、当時西武の秋山翔吾が記録した２１６安打だ。イチローの２１０安打はすでに抜かれている。この記録がなぜアンタッチャブルなのか？

それは、その数字を詳細に見ればわかる。

ＮＰＢのシーズン安打数５傑と、１試合当たりの安打数（H/G）を見てみよう（上の表）。イチローを除く選手はすべて、試合数が１４３〜１４４試合になった21世紀以降の記録なのに対し、イチローは１３０試合制だった１９９４年に達成しているのだ。H/Gは1.62、秋山との差は0.11だが、実はこの差が非常に大きい。イチローのH/G1.62は、ＮＰＢでシーズン１００安打以上を記録した延べ４３７６人の中で1位の記録なのだ。

次にＮＰＢのシーズン１００安打以上の打者のH/G５傑を

年	選手	所属	安打	試合	H/G
1994	イチロー	オリックス	210	130	1.62
2015	秋山翔吾	西武	216	143	1.51
2010	M. マートン	阪神	214	144	1.49
1996	イチロー	オリックス	193	130	1.48
2000	イチロー	オリックス	153	105	1.46

見てみるとＮＰＢではシーズンの１試合平均で１・５本以上の安打を打ったのは２０１５年の秋山と１９９４年のイチローだけ。この年の 1.62 は空前の記録であることがわかる。

イチローは、マリナーズに移籍後の２００４年、ＭＬＢのシーズン最多安打記録２６２安打を記録しているが、この時のH/G1.63 とほぼ同じだった。イチローは掛け値なしに日米を通じて、史上最高の「安打製造機」だったと言えよう。

空前の二軍記録

イチローは、まだレギュラーになる以前にファームで前代未聞の記録をマークしている。後から思えば、これが「安打製造機」の予兆だった。

イチローがドラフト４位でオリックス・ブルーウェーブに入団したのは１９９２年。当時の土井正三監督の覚えはめでたかったとは言い難く、春の一軍でのオープン戦には出場がない。

なお登録名は、本名の鈴木一朗である。

二軍での鈴木のデビューはウエスタン・リーグの開幕戦、神戸第二球場での広島戦。1番中堅でスタメン出場し、初安打を放っている。以後もほぼ1番で起用され、58試合で238打数87安打、打率.366を記録した。この活躍が首脳陣の目に留まって一軍に呼ばれ、7月11日の平和台球場でのダイエー戦で一軍デビュー。左翼の守備固めで途中出場した。2回打席に立ったが安打は出なかった。翌日は9番左翼でスタメンに起用され、5回表に木村恵二から一軍初安打を打っている。このときのオリックスの2番二塁は現オリックスGMの福良淳一、相手のダイエーは44歳の門田博光が代打で出場している。昭和の大打者、門田とイチローは一軍の公式戦で対戦していた。

さて、イチローの二軍での大記録は、誰も知らないうちに始まっていた。6月20日、広島市民球場でのウエスタン・リーグ広島戦、1番左翼で出場したイチローは、足立亘から2安打、これを皮切りに12試合連続安打を記録した。前述した通り、7月11日に一軍に呼ばれたから、この記録は継続している。

7月17日には東京ドームで行われたジュニアオールスターゲームで、8回に同期、同学年の近鉄、中村紀洋の代打で打席に立ち、大洋の有働克也の2球目をライトスタンドに放り込み、MVPに輝いている。イチローはこの時の賞金をすべて福祉施設に寄付。これも異例と言われた。

以後もイチローは一軍で主として代走、守備固め、ときどきスタメンという感じで起用されるが、その間も暇があれば二軍の本拠地・神戸第二球場の公式戦に出場していた。

7月24日ダイエー戦、8月12日阪神戦、8月23日近鉄戦、9月7日広島戦と、飛び飛びで出場した4試合ですべて安打を打っている。これもできそうでできない記録だ。

こうして1992年は、二軍で16試合連続安打を継続してシーズンを終了した。

一軍：40試合　95打数 24安打 0本塁打　5打点　3盗塁　打率.253

二軍：58試合 238打数 87安打 3本塁打 16打点 10盗塁　打率.366

ウエスタン・リーグでは規定打席243を辛うじてクリアして首位打者を獲得。将来有望なファーム選手を表彰するビッグホープ賞も受賞した。イチローにとっての初タイトルだ。

翌1993年、オープン戦では2月27日の糸満での中日戦から出場。3月17日の神戸球場の巨人戦では、高校時代から互いに意識しあった1歳下の松井秀喜と初対戦している。オープン戦は16試合で44打数12安打1本塁打5打点1盗塁の.273を残し、開幕一軍の切符を手にした。しかし鈴木一朗の2年目は外野の控え扱いだった。藤井康雄、新外国人タイゲイニー、高橋智、内野から外野にコンバートされた田口壮らの外野手がいる中、主として守備固め、代走で起用され11試合12打数1安打にとどまり、4月24日の試合終了後、二軍行きを命じられる。

ここから二軍での安打記録が再び始まる。4月25日の由宇でのウエスタン・リーグ、広島戦、1番中堅で出場すると、さっそく2安打を放ち、ここから13試合連続安打。前年からの連続試合安打は「29」にまで伸びた。

この活躍ぶりに首脳陣は5月21日の神戸球場、西武戦からイチローを再び一軍に引き上げた。6月12日には新潟県の長岡市悠久山球場の近鉄戦で、野茂英雄からプロ入り初本塁打を記録するが21試合44打数7安打にとどまり、7月6日には再び二軍落ちした。

ここからイチローは、フレッシュスターゲーム（2打数0安打）を挟んでさらに17試合連続安打を記録したのだ。二軍での空前の連続試合安打が「46」で途切れたのは8月8日、滋賀県湖東球場での阪神戦、1番中堅で出場し、阪神先発・三笘義太郎の前に3打数0安打に倒れた。

二軍の46試合連続安打は、1992年6月20日から1993年8月7日まで、1年以上かけて達成された。以下、1993年の成績だ。

一軍：43試合　64打数12安打1本塁打　3打点　0盗塁　打率.188
二軍：48試合186打数69安打8本塁打23打点11盗塁　打率.371

NPB一軍の連続試合安打は1979年に広島の高橋慶彦が記録した33試合連続安打だ。イチローは二軍とは言えそれをはるかに上回っている。

翌94年、仰木彬新監督は鈴木一朗の異能ぶりに驚き、イチローと登録名を改めさせ重用する。2月21日の宮古島での横浜とのオープン戦第1戦では、1番中堅で先発し、友利結からランニング満塁ホームランという破天荒なスタート。開幕後も不動の1番打者として固定され、この年はNPB記録の210安打を記録、打率.385で首位打者、MVPを受賞、スターダムに躍り出た。ドラフト4位のイチローの「偉才」は、デビュー当初から際立っていたのだが、それを世に出したのは名将仰木監督の慧眼だったのだ。

コラム・ワンポイントリリーフ①

もう！　なぜ走った？

DeNAの三塁手、宮﨑敏郎は社会人セガサミーから2012年ドラフト6位でDeNAに入団。172㎝と小柄で、目立たない選手だったが、抜群のスイングスピードとバットコントロールで頭角を現し、2017年と23年に首位打者。毎年三振数は30〜50。今のセ・リーグで最も打ち取りにくい打者の一人だが、走塁には全く関心がなかったようで、1000試合、1000本安打をクリアしても盗塁も盗塁死も0、つまり「盗塁企図数0」だった。

これに気付いたのは2023年9月半ば。宮﨑は2度目の首位打者になろうとしていた。この時パ・リーグの打率1位、オリックスの頓宮裕真も盗塁企図数0だったので筆者は24日にブログで「今季は両リーグで盗塁企図数0の首位打者？」と書いた。両リーグ首位打者が盗塁企図数0は史上初だ。

ところがその翌日の巨人戦で、宮﨑は初盗塁を記録。宮﨑は俺のブログ読んでいるのか？と思ったが、そうではなくてエンドランがかかっていて、次打者の伊藤光

位	企図数	選手	試合	打数	安打	本塁打	打点	盗塁	盗塁死	打率
1	3	宮﨑敏郎	1206	4183	1264	152	536	2	1	0.302
2	5	J.ロペス	993	3657	1001	198	588	3	2	0.274
3	13	W.バレンティン	1104	3759	1001	301	794	7	6	0.266
4	20	吉永幸一郎	1250	3797	1057	153	505	4	16	0.278
5	22	相川亮二	1508	4429	1150	69	475	12	10	0.260

がこれを見逃したためだ。筆者は一人悔しがっていた。

宮﨑は2024年4月14日のヤクルト戦で二塁に走ってアウト。さらに9月29日の阪神戦で盗塁成功。2盗塁1盗塁死「盗塁企図数3」になった。それでも1000本安打以上の打者では最少だ。

「1000試合以上出場した選手」では、史上最多の407セーブを記録した中日の岩瀬仁紀が、NPBの投手としては唯一人、1002試合に出場しているが、投手だけに盗塁、盗塁死ともに0、盗塁企図数「0」だ。宮﨑の盗塁企図数「3」は、これに次ぐ「最少2位」ということになる。

1000本安打以上の打者の最少盗塁企図数5傑は表の通りだが、このところ2年連続で走っている宮﨑は、遠からず元同僚のロペスに首位の座を譲るかもしれない。

第2章　ベストナインで遊ぼう

「ベストナイン」とは、そのシーズン、リーグで最も活躍した選手をポジション別に並べたものだ。アメリカでは「オールスターチーム」という。

野球好きは「ベストナイン」を見れば「どんなチームか」「どんな試合をするのか」がありありと浮かんでくる。筆者は「ベストナイン」は、野球好きの大人が興じる「遊び」だと思っている。いくつか並べてみるのでお付き合い願いたい。

2-1　「名前」のベストナイン

日本人の名前（姓、苗字）は、30万もあるとされる。いろいろな研究がされているが、日本人に多い名前のベスト10と、プロ野球で一軍実績がある選手の多い名前ベスト10を

位	日本全体			プロ野球		
	名前	人数	比率	名前	人数	比率
1	佐藤	181.3万人	1.44%	田中	72人	1.19%
2	鈴木	175.7万人	1.39%	佐藤	70人	1.15%
3	高橋	137.2万人	1.09%	山本	68人	1.12%
4	田中	130.2万人	1.03%	鈴木	63人	1.04%
5	伊藤	104.5万人	0.83%	高橋	61人	1.00%
6	渡辺	103.5万人	0.82%	渡辺	54人	0.89%
7	山本	102.1万人	0.81%	中村	52人	0.86%
8	中村	101.8万人	0.81%	伊藤	48人	0.79%
9	小林	100.3万人	0.80%	加藤	44人	0.72%
10	加藤	86.7万人	0.69%	松本	39人	0.64%

高橋には髙橋、渡辺には渡邊など異体字含む。
高橋にはボー・タカハシを含めず。

並べるとこうなる。「比率」は、日本全体は、総人口の1億2614万人に対する比率。プロ野球では、1試合でも一軍の公式戦に出た選手は7412人を数えるが、このうち外国人の1341人を除いた6071人に対する比率。「苗字由来ｎｅｔ」によると日本人全体の1位は佐藤さん、2位は鈴木さん、3位は高橋さん。これに対し、プロ野球は田中、佐藤、山本の順。全体では7位の山本が、プロ野球では3位である。もちろんプロ野球は母数が日本の総人口の約2万分の1だから、数字のブレがあるのは当然だが、筆者はそれだけではないとにらんでいる。

高校野球の甲子園の勝利数でも、ドラフトでの選手輩出数でも、野球界は「西高東低」だった。今では北海道の駒大苫小牧高や宮城の仙台育英高が甲子園で優勝しているが、高校球界では優勝旗が「白河の関を越える＝東北以北にもたらされる」のが長く悲願だった。ただし、その悲願が達成できたのは、この地方の私学強豪校が、全国から「野球留学生」を集めたことも大きいだろう。2005年夏優勝の駒大苫小牧高のエース田中将大は兵庫県出身、2022年夏優勝の仙台育英高にも大阪や広島など西日本出身者がいたのだ。

地球温暖化など情勢の変化はあるにしても、降雪、冬の寒さなど、東、北日本は、西、南日本に比べて依然、ハンデは大きいはずだ。

姓氏家系の本を紐解くと佐藤氏のルーツは藤原摂関家だとされるが、源義経の従者だった佐藤継信・佐藤忠信兄弟の子孫が東北を根拠に勢力を拡大。佐藤氏は、東日本、北日本に多い名前なのだ。

これに対して田中氏は近江国高島郡田中村がルーツだとされ、西日本に多い名前だ。さらに、山本氏は紀伊国の国人が起源とされ、これまた西日本に多い。プロ野球で田中が佐藤を押さえて1位で、3位に山本が肉薄しているのは、西日本にルーツを持つ選手が多いからではないか。この話をすると少なくとも「居酒屋」では「なるほどね」と言ってもらえる。ま、その程度の根拠ではあるが。

では、上位の名前でベストナインを組んでみよう。不思議なことに「これは田中らしいな」「山本はやっぱりこうだな」と思えるような「キャラクター」が浮かんでくるから面白い。

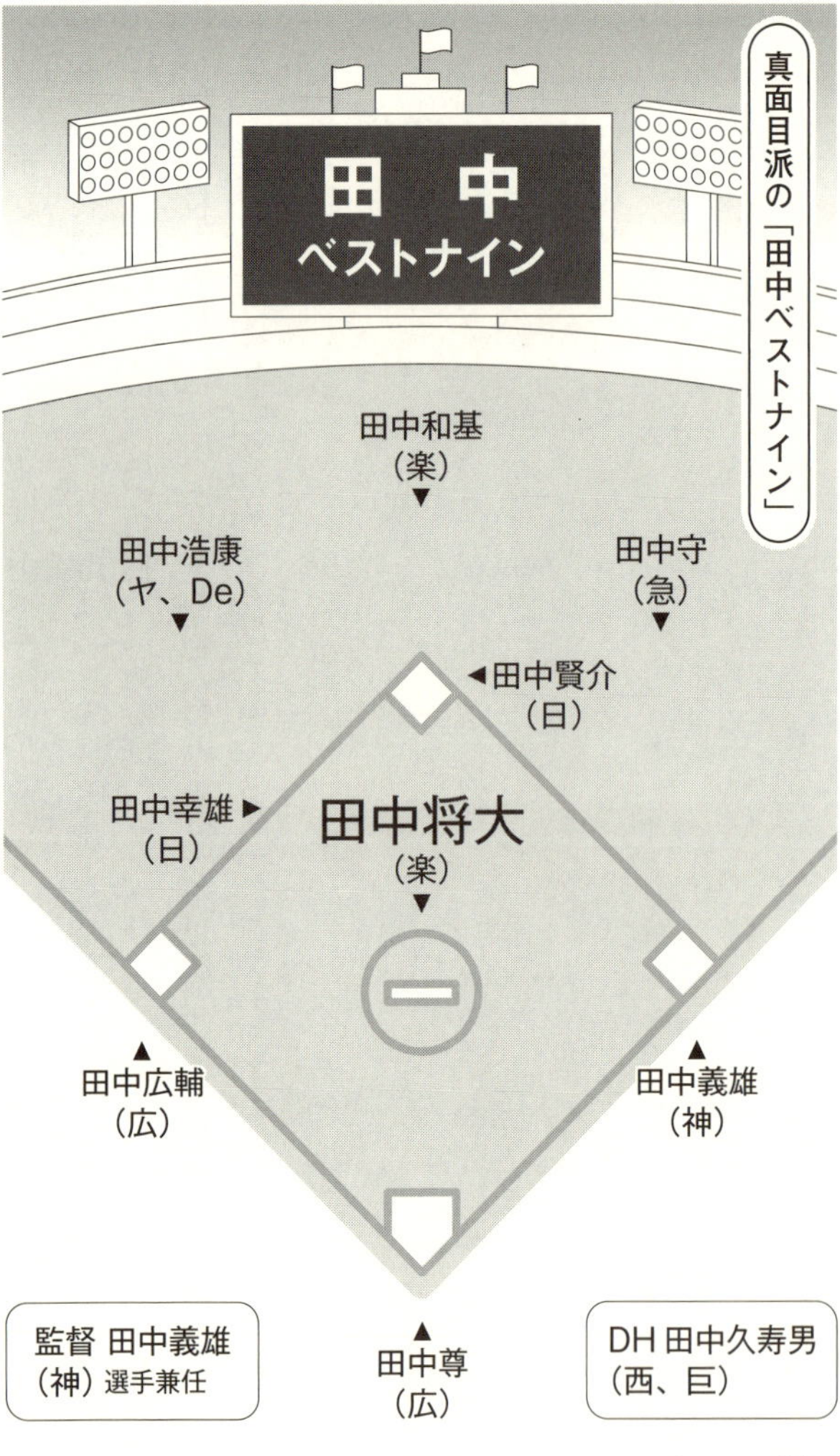
真面目派の「田中ベストナイン」
田中
ベストナイン
田中和基
（楽）
田中浩康
（ヤ、De）
田中守
（急）
田中賢介
（日）
田中幸雄
（日）
田中将大
（楽）
田中広輔
（広）
田中義雄
（神）
監督 田中義雄
（神）選手兼任
田中尊
（広）
DH 田中久寿男
（西、巨）

	投手	登	勝	敗	S	H	回	率	所属
先	田中将大	248	119	68	3	0	1778	2.67	楽天
先	田中勉	326	103	89			1610	2.81	西鉄－中日
先	田中文雄	401	100	137			2015	2.97	近鉄
先	田中調	366	65	66			1178.1	3.33	東映－ヤクルト
先	田中富生	199	28	45	1		713.2	4.73	日ハム－中日
救	田中正義	134	6	8	45	22	132	3.20	SB－日ハム
救	田中健二朗	274	14	13	1	64	281.2	3.64	横浜・DeNA
救	田中章	300	36	36	9		737.1	3.10	巨人－西鉄－大洋
救	田中幸雄	214	25	36	16		546.1	4.23	日ハム－中日
救	田中由郎	139	12	24	5		355.1	4.54	ロッテ－大洋

順	守	選手	安	本	盗	率	所属
1	二	田中賢介	1499	48	203	0.282	日ハム
2	三	田中広輔	960	69	131	0.257	広島
3	指	田中久寿男	805	76	77	0.257	西鉄－巨人
4	遊	田中幸雄	2012	287	40	0.262	日ハム
5	一	田中義雄	400	5	45	0.247	阪神
6	左	田中浩康	1018	31	33	0.266	ヤクルト－DeNA
7	中	田中和基	233	31	46	0.216	楽天
8	右	田中守	307	14	15	0.243	阪急
9	捕	田中尊	619	8	20	0.196	広島
	内	田中秀太	200	3	38	0.230	阪神
	三	田中幸雄	410	12	40	0.246	阪急－大陽－広島
	遊	田中資昭	229	2	33	0.260	巨人－大洋
	二	田中俊太	118	7	10	0.227	巨人－DeNA

注　表にはNPBの通算成績、主な所属チームを記載。

2024年、京セラドームで元フジテレビアナウンサーの田中大貴さんに話を聞いたときに、エレベーターに田中賢介氏が乗ってきた。おとなしくていかにも「堅実な内野手」という感じだった。田中姓の選手はそういう実直そうなタイプが多い。遊撃手、二塁手がやたら多くて一塁手、外野手が少ない。ちなみに田中大貴さんは慶應義塾大で本塁打王もとった強打の一塁手だったが、プロには行かなかった。

ベストナインでは、本来遊撃手の田中広輔を三塁に、二塁手の田中浩康を外野にせざるを得なかった。4番は田中唯一の2000本安打、田中幸雄で決まりだ。同時に、田中姓では唯一、1995年に打点王のタイトルを取っている。田中久寿男は、西鉄の中軸を打ち、のちに巨人でONの後ろの5番を打った。田中守は阪急の控えの外野手。

田中義雄はハワイ出身の日系二世、戦前のタイガースでカイザー田中と言われた強打の捕手だったが一塁を守ったこともある。後に大阪（阪神）の監督となる。長嶋茂雄がサヨナラ本塁打を打った1959年6月の天覧試合の時の大阪の監督だった。田中チームの監督は、この田中義雄だろう。

田中和基は、楽天で新人王を取った外野手。田中尊は、長谷川良平、外木場義郎など広島のエース級の球を受けた名捕手。控えの田中俊太は田中広輔の弟だ。こう見渡しても田中姓は実直な内野手が多く、スラッガータイプはほとんどいない印象だ。

一方、近年「投手田中」の躍進が目覚ましい。エースは田中将大。2013年の「24勝0敗」は空前の記録だ。2024年オフに楽天から巨人への移籍が決まった。田中勉、田中（武智姓の時代もあり）文雄はパ・リーグ弱小チームのエースだった。田中調は東映の左腕先発。田中富生は日ハム、中日で活躍。

救援陣では何と言っても現役の田中正義だ。創価大から5球団が競合してソフトバンクに入るも鳴かず飛ばず。しかし2023年、近藤健介の人的補償として日ハムに移籍してからは、新庄剛志監督の信頼を得てクローザーとして活躍している。田中健二朗はDeNAのセットアッパーとして活躍した左腕。

ところで田中姓には「田中幸雄」が3人いる。2000本安打を打った内野手の幸雄と、救援投手だった幸雄は、ともに日本ハムで活躍。それに関西大出で戦前から戦後にかけて阪急、大陽などで三塁手として活躍した幸雄だ（この選手は幸男の時代が長かったが）。

日ハムの2人の「田中幸雄」は1986年から89年までチームメイト。このため投手の田中幸雄を「田中幸」、内野手の田中幸雄を「田中雄」と表記して区別していた。またこの時期の日ハムには投手の田中富生もいた。

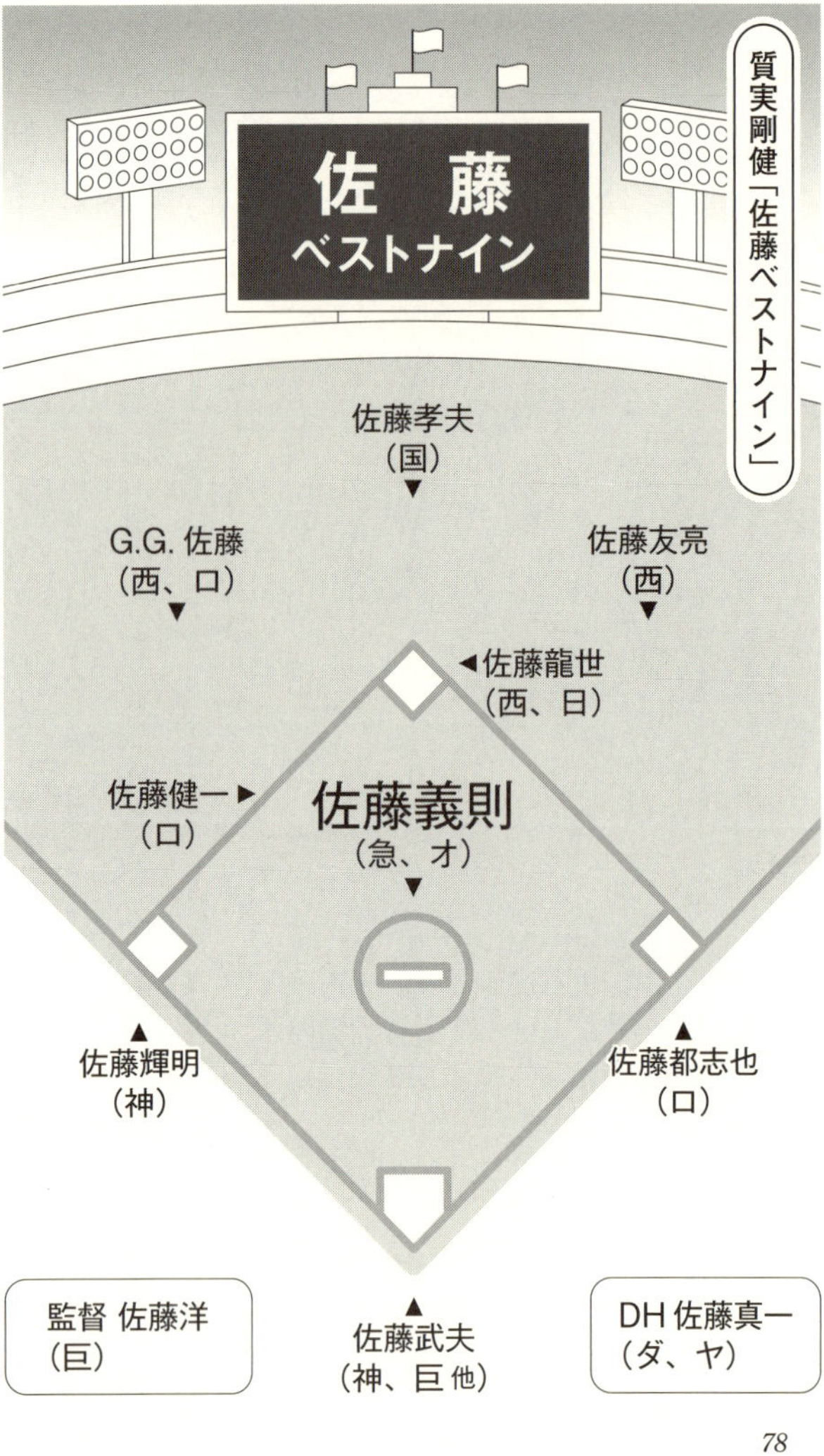
質実剛健「佐藤ベストナイン」
佐藤
ベストナイン
佐藤孝夫
（国）
G.G. 佐藤
（西、ロ）
佐藤友亮
（西）
佐藤龍世
（西、日）
佐藤健一
（ロ）
佐藤義則
（急、オ）
佐藤輝明
（神）
佐藤都志也
（ロ）
監督 佐藤洋
（巨）
佐藤武夫
（神、巨 他）
DH 佐藤真一
（ダ、ヤ）

	投手	登	勝	敗	S	H	回	率	所属
先	佐藤義則	501	165	137	48		2608.2	3.97	阪急－オリックス
先	佐藤進	214	50	69			974.2	3.19	国鉄－サンケイ－アトムズ－中日
先	佐藤由規	91	32	36	0	0	534.1	3.66	ヤクルト－楽天
先	佐藤誠一	148	28	41	19		558	4.06	日本ハム
先	佐藤充	33	11	10	0	0	194	3.34	中日－楽天
救	佐藤道郎	500	88	69	39		1303.1	3.15	南海－大洋
救	佐藤達也	262	11	21	14	109	285.2	2.71	オリックス
救	佐藤隼輔	104	6	7	0	35	124	3.05	西武
救	佐藤元彦	179	30	35			592.1	3.86	東京－ロッテ－大洋
救	佐藤公博	232	14	27			580.1	3.41	阪急－中日－南海

順	守	選手	安	本	盗	率	所属
1	右	佐藤友亮	401	9	52	0.255	西武
2	遊	佐藤健一	619	65	36	0.254	ロッテ
3	中	佐藤孝夫	970	150	219	0.238	国鉄
4	三	佐藤輝明	493	84	24	0.259	阪神
5	左	G.G. 佐藤	507	88	12	0.276	西武－ロッテ
6	一	佐藤都志也	296	25	12	0.236	ロッテ
7	指	佐藤真一	376	36	25	0.261	ダイエー－ヤクルト
8	二	佐藤龍世	176	13	3	0.227	西武－日ハム－西武
9	捕	佐藤武夫	262	12	3	0.170	神－翼－大洋－西鉄－巨
	指	佐藤竹秀	127	24	1	0.219	近鉄－ヤクルト
	外	佐藤幸彦	399	31	1	0.254	ロッテ
	外	佐藤正治	133	2	43	0.216	阪神
	内	パンチ佐藤	71	3	3	0.273	オリックス

佐藤ベストナインはちょっと地味な感じがする。1番の佐藤友亮は慶應義塾高校－慶応義塾大学。まだ推薦枠がなかったので勉強一本で慶應高校に入り、恩師の上田誠前慶應高校監督が「頭も身体能力も一番だった」と言った秀才。佐藤健一は北海高校出身。身体能力の高い内野手。佐藤孝夫は仙台鉄道管理局から国鉄へ。国鉄グループの人事異動みたいな移籍だった。1957年、22本塁打で国鉄スワローズの日本人選手として唯一の本塁打王になった。そして現役のサトテル、近畿大学からドラフト1位で阪神に入団。いまどきと思えないほど失策が多いが、大物打ちの魅力がある。さらにG.G.佐藤も「落球」で名をはせた。三塁、左翼と守備がやや心配ではある。千葉ロッテの強打の現役捕手、佐藤都志也は一塁も守る。佐藤真一はダイエー、ヤクルトの代打の切り札。佐藤龍世は、2024年、低迷する西武にあって中軸も打った。佐藤武夫は戦前の捕手。大振りで三振が多かったが、人気者だった。後、審判員になる。

控えでは佐藤竹秀は「代打の切り札」として活躍。結局、佐藤打線には1000本安打を打った打者はいないが、G.G.佐藤、パンチ佐藤とクセツヨの選手が目立つ。

投手陣では、阪急、オリックス一筋21年。息の長い先発投手だった佐藤義則、金田正一が移籍した後サンケイ、アトムズの投手陣を支えた佐藤進。同じくヤクルトでは快速球で鳴らした佐藤由規、日本ハムで先発、救援で活躍した佐藤誠一、2000年代の中日の先発佐藤充と続く。

先発陣はやや弱い感じは否めないが、救援の佐藤道郎は頼りになる。投手分業が始まった時代に、野村南海の抑え投手として活躍した。パ・リーグの初代セーブ王。2024年に引退した、ソフトバンク和田毅の岳父でもある。佐藤達也はオリックスのセットアッパーとして活躍。盛りは短かったが2014年のポストシーズン進出に貢献した。佐藤隼輔は西武の現役中継ぎ投手。珍しく国立の筑波大卒。左腕で、セットアッパーとして2年連続で40試合に登板。佐藤元彦は慶應義塾大からサッポロビールを経て東京オリオンズへ、60年代サイドスローからのシュートを武器に活躍。佐藤公博も同時期に先発、救援で活躍。1969年に黒い霧事件にかかわって永久追放になっている。

監督には、経験者が見当たらない。ここはアマチュアだが、東北高校の佐藤洋監督はどうだろうか。東北高校時代4回甲子園に出場、巨人の内野手でもあった。筆者は佐藤監督に取材をしたことがあるが、いわゆる高校野球の流儀には否定的で「長髪ＯＫ」で生徒の自主性に任せる采配。大学に行かなかったのも「大学の理不尽な上下関係に反発して必ず問題を起こすと思ったから」だと言う。ユニークで良いのではないか？

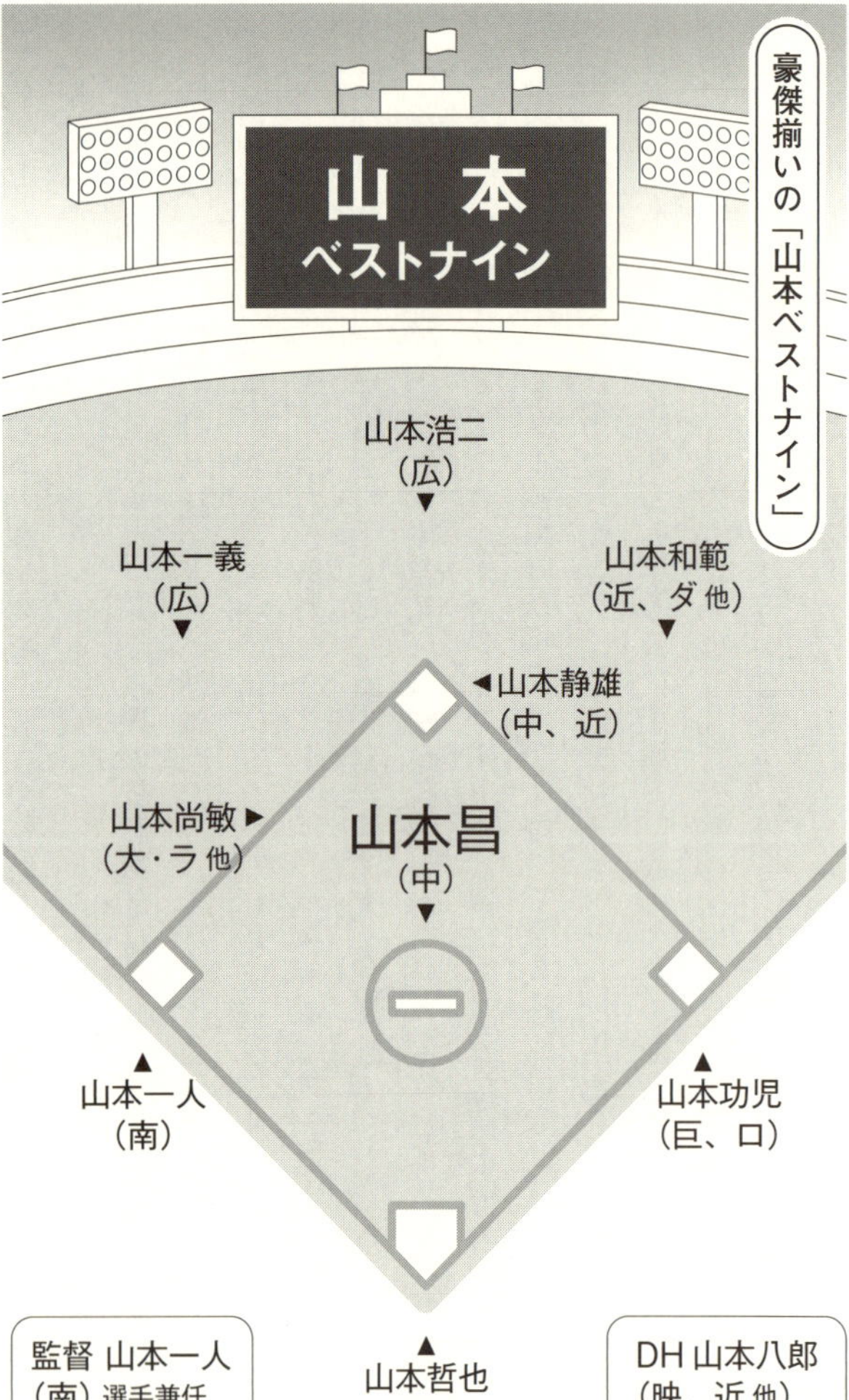
豪傑揃いの「山本ベストナイン」
山本
ベストナイン
山本浩二
（広）
山本一義
（広）
山本和範
（近、ダ 他）
山本静雄
（中、近）
山本尚敏
（大・ラ 他）
山本昌
（中）
山本一人
（南）
山本功児
（巨、ロ）
監督 山本一人
（南）選手兼任
山本哲也
（神）
DH 山本八郎
（映、近 他）

	投手	登	勝	敗	S	H	回	率	所属
先	山本昌	581	219	165	5	0	3348.2	3.45	中日
先	山本由伸	172	70	29	1	32	897	1.82	オリックス
先	山本省吾	287	40	42	2	11	743.1	4.41	近－オ－横－De－SB
救	山本和行	700	116	106	130		1817.2	3.66	阪神
救	山本重政	424	40	67	4		1117.2	3.38	近鉄－阪神
救	山本義司	348	33	47			854.2	3.58	南海－大映－東映－阪急
救	山本樹	405	27	37	10	4	573.1	3.85	ヤクルト
救	山本秀男	68	9	27			375.1	2.23	ライオン－朝日－金星
救	山本哲哉	228	6	11	14	55	214	3.07	ヤクルト
救	山本和男	193	8	4	0		206.2	3.53	広島－オリックス
救	山本拓実	134	12	7	0	10	197	3.43	中日－日ハム
救	山本大貴	104	5	1	1	21	89.1	2.62	ロッテ－ヤクルト

順	守	選手	安	本	盗	率	所属
1	右	山本和範	1400	175	102	0.283	近－南・ダ－近
2	二	山本静雄	669	9	66	0.228	中日－近鉄
3	中	山本浩二	2339	536	231	0.290	広島
4	三	山本一人	790	61	143	0.295	南海－近畿－南海
5	左	山本一義	1308	171	22	0.270	広島
6	一	山本功児	699	64	13	0.277	巨人－ロッテ
7	指	山本八郎	1100	113	163	0.267	映－近－サンケイ
8	捕	山本哲也	341	12	29	0.206	大阪・阪神
9	遊	山本尚敏	103	3	49	0.186	大東京・ライオン－中日
	外	山本雅夫	287	37	15	0.262	南海－巨人－近鉄
	内	山本泰寛	191	6	11	0.238	巨人－阪神－中日
	捕	山本祐大	173	10	1	0.256	DeNA
	外	山本公士	69	1	103	0.212	阪急

断言するが、日本プロ野球最強の「名前」は山本だ。実に強力な顔ぶれが並んでいる。

1番にドラキュラと言われた個性派外野手の山本和範、近鉄に入団するもいったん戦力外となり、近所のバッティングセンターでアルバイトをしていたが南海に呼び戻された。筆者は電話でインタビューしたことがあるが、珍エピソードの宝庫みたいな人だった。2番に中日、近鉄の堅実な二塁手、山本静雄、そして3番はNPB史上最強の右打者の一人、ミスター赤ヘル山本浩二。打撃に加え、中堅手としても抜群の守備範囲と強肩を誇った。後に広島の監督。4番は南海のドン、山本（鶴岡）一人、三塁手としてMVPもとった。この人も広島出身だ。5番は浩二と共に赤ヘル軍団の中軸を打った左打者の山本一義、6番に山本浩二と同時期で広島では「こうじのにせもの―！」と呼ばれた左の強打者、山本功児、7番指名打者には東映で土橋正幸の球を受けていた強打の捕手山本八郎。8番捕手は阪神で大投手小山正明の相方だった山本哲也。この選手欄の一番下にある山本公士は哲也の弟。外野手で一度も規定打席に達していないが1966年に盗塁王になっている。9番遊撃手は戦前、好守で鳴らした山本尚敏。俊足でもあった。監督は文句なしに山本（鶴岡）一人。何しろプロ野球最多の1773勝、勝率.609も史上最高だ。この打線をみて「えっ」と思った人は大学野球通だろう。2番の静雄、3番浩二、4番一人、5番一義、6番功児は、全員「法政大学出」なのだ。法政大学は「山本姓」の強打者の宝庫だった。プロ野球のスカウトはプレーを見なくても法政大学の「山本」をマークすべきかもしれない。

投手陣では、最後の200勝投手、中日の左腕山本昌（山本昌広）。ひょうひょうとした投球スタイルだが、勝負強く、実働はプロ野球最多タイの29年。50歳まで現役も史上1位だ。10年前まで「チーム山本」にはこれに次ぐ投手がいなかったが、今や山本由伸がいる。オリックス時代の2021年から3年連続で沢村賞、MVP。今はドジャースで大谷翔平のチームメイト。この2枚は強烈だ。3番手は21世紀になって5球団を渡り歩いた山本省吾。

クローザーは山本和行。チーム山本は先発が少ない。ここはかつての山本和がそうだったように、先発、抑えで頑張っていただきたい。救援投手はやや心もとなかったのだが、現役の山本拓実は、中日から日ハムに移籍し、小柄だが小気味よいマウンドを見せている。走者を背負っても実に粘り強い投球だ。同じく現役の左腕山本大貴もロッテからヤクルトに移籍し、中継ぎで好投。

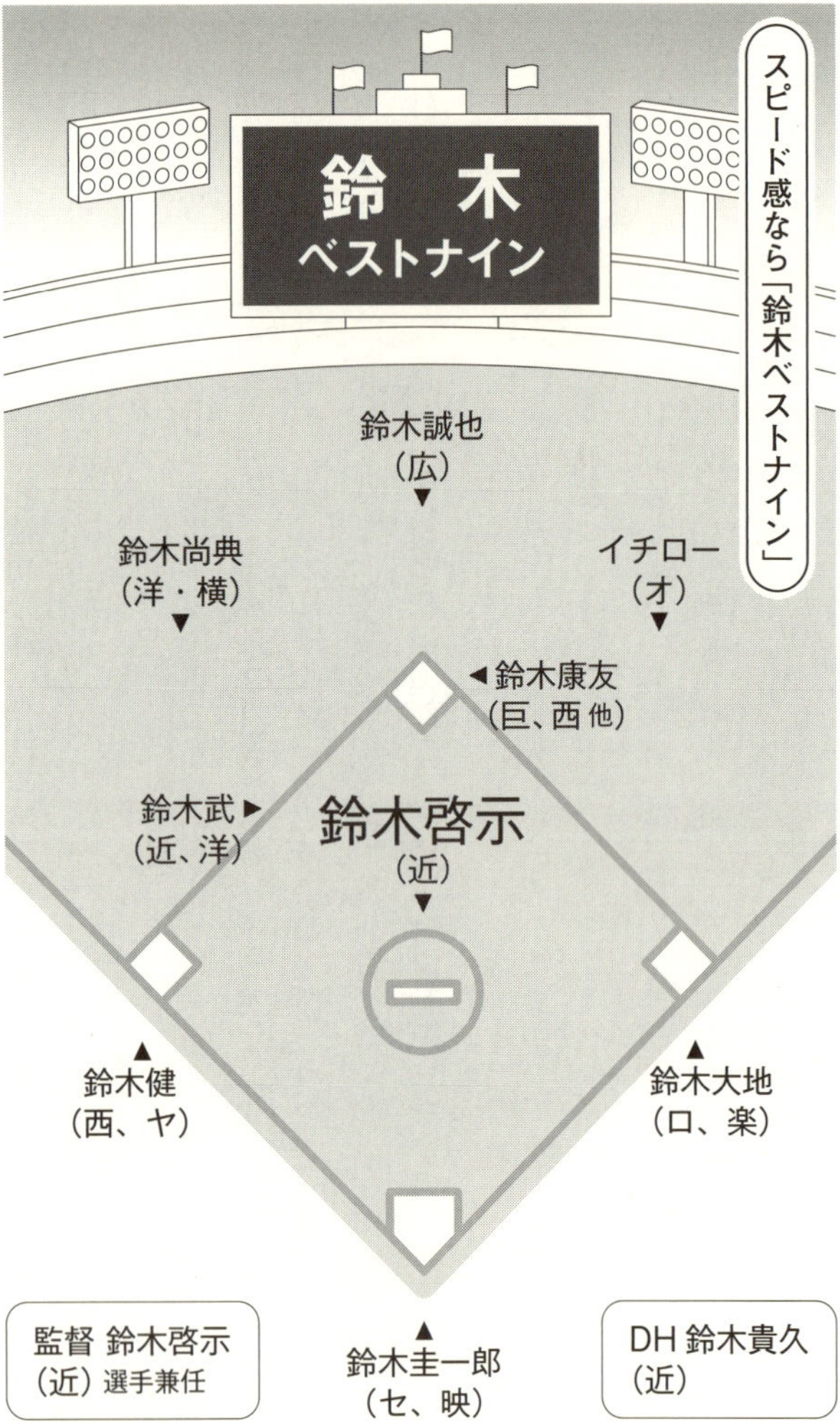
スピード感なら「鈴木ベストナイン」
鈴木
ベストナイン
鈴木誠也
（広）
鈴木尚典
（洋・横）
イチロー
（オ）
鈴木康友
（巨、西 他）
鈴木武
（近、洋）
鈴木啓示
（近）
鈴木健
（西、ヤ）
鈴木大地
（ロ、楽）
監督 鈴木啓示
（近）選手兼任
鈴木圭一郎
（セ、映）
DH 鈴木貴久
（近）

	投手	登	勝	敗	S	H	回	率	所属
先	鈴木啓示	703	317	238	2		4600.1	3.11	近鉄
先	鈴木孝政	586	124	94	96		1788.1	3.49	中日
先	鈴木隆	519	81	102			1625.2	3.20	大洋－東京－大洋
先	鈴木康二朗	414	81	54	52		1364.2	3.68	ヤクルト－近鉄
先	マック鈴木	53	5	15	1		156.2	7.53	オリックス
救	鈴木皖武	502	47	61	1		1198.2	3.11	国鉄－阪神－ロッテ
救	鈴木平	296	27	20	36		367	3.11	ヤク－オリ－中日－ダ
救	鈴木義広	258	10	6	1	41	266.2	2.73	中日
救	鈴木博志	146	8	12	18	24	178.2	4.48	中日－オリックス
救	鈴木幸雄	122	20	23			473.2	3.72	阪急
救	鈴木哲	84	7	13	1		215.2	4.01	西武－広島－西武
救	鈴木健矢	83	9	8	0	5	156.2	3.27	日ハム－広島

順	守	選手	安	本	盗	率	所属
1	右	イチロー	1278	118	199	0.353	オリックス
2	遊	鈴木武	875	9	246	0.243	近鉄－大洋
3	左	鈴木尚典	1456	146	62	0.303	大洋・横浜
4	中	鈴木誠也	937	182	82	0.315	広島
5	三	鈴木健	1446	189	15	0.278	西武－ヤクルト
6	指	鈴木貴久	1226	192	33	0.257	近鉄
7	一	鈴木大地	1567	82	38	0.273	ロッテ－楽天
8	捕	鈴木圭一郎	408	18	30	0.207	セネタース・東映
9	二	鈴木康友	244	24	17	0.226	巨人－西武－中日－西武
	外	鈴木慶裕	466	24	84	0.253	日ハム－ダイエー
	外	鈴木尚広	355	10	228	0.265	巨人
	一	鈴木治彦	246	11	8	0.252	太平洋－西武
	捕	鈴木秀雄	193	6	60	0.181	名古屋・中日

鈴木ベストナインは「脚」「安打」にこだわる顔ぶれがそろっている。史上最高の「安打製造機」イチローについてはもはや多言を要さない。NPBの終身打率は驚異の.353だ。2番には近鉄、大洋で活躍した遊撃手の鈴木武。小柄だがしぶといバッティングで知られ1954年には71盗塁で盗塁王になっている。この年5月20日にはプロ野球タイ記録の1イニング3盗塁。3番にはイチローと同時代（1歳年長）の横浜で97、98年と連続首位打者に輝く鈴木尚典。4番は現カブスで、広島時代の19年、21年と首位打者の鈴木誠也。若いころから期待されたが、MLBに行く2年ほど前から急激に体が大きくなった。パワーアップを意識していたのだろう。外野守備でも定評がある。

5番は全盛期の西武で清原和博らと中軸を打った鈴木健。出塁率が高かった。6番は近鉄で勝負強い打撃を発揮した鈴木貴久。7番には楽天、ロッテでユーティリティとして渋い活躍をする現役の鈴木大地。8番は終戦直後、セネタースで強肩好守の捕手として鳴らした鈴木圭一郎。実は二塁手がちょっと苦しいのだが、巨人、西武などで活躍した鈴木康友とした。このチームには「秘密兵器」がいる。試合終盤に代走で起用され、何度も快走を見せた鈴木尚広だ。彼がゲームチェンジャーになる可能性もあるだろう。

投手陣では最後の300勝投手、鈴木啓示が高峰の如くそびえる。肩幅が広く、その肩をそびやかすようにして投げた。鈴木孝政は快速球で鳴らした。中日はエース級を救援で起用する伝統があるが、孝政も先発救援で活躍。鈴木康二朗はヤクルトの先発、というより「王貞治に756号を打たれた投手」として球史に残る。鈴木隆はON全盛期の大洋の投手。マック鈴木はマイナーから這い上がりメジャー先発に。

救援陣、鈴木皖武《きよたけ》は、国鉄、阪神とセ・リーグで活躍。170㎝と小柄だが制球が良かった。鈴木平はイチローがいた時代のオリックスのクローザー、鈴木義広は落合中日のセットアッパー、鈴木健矢は現役、日ハムで先発、救援で投げている。鈴木博志も現役、2024年中日から現役ドラフトでオリックスに移籍し中継ぎとして投げる。鈴木哲は90年代に西武、広島で投げた技巧派。鈴木幸雄《さちお》は南海キラーのサブマリン。

このチームは監督で「はて？」となってしまう。鈴木啓示は近鉄監督になったが、野茂英雄との確執が伝えられ、3年で退団した。以後は指導者になっていない。鈴木尚典はDeNAの打撃コーチだが監督経験はない。他に鈴木姓のプロ野球監督はいないから、鈴木啓示となるが、イチローとうまくやっていけるのか？　無理な指導をして関係が拗れないのか？　それだけが心配だ。ただ戦力的には「山本」と好勝負を演じる陣容なのは間違いない。

2-2　出身高校別ベストナイン

日ごろ取材していて、野球界は「学歴」「学閥」社会だとしみじみ思う。野球人の口からは、卒業から何十年経っても「彼は後輩だから」「あいつは同級生だったから」という言葉がしょっちゅう出てくる。

特に「甲子園」という日本中の注目を集める大会に出場した、と言う経験を共有する選手は、強固な絆で結ばれている。

プロ野球に選手を輩出した強豪高校のベストナインを見ていこう。

プロ野球に選手を輩出した高校ベスト20

1962年甲子園初出場の後発校ながら80年代に圧倒的に強かったPL学園、戦前の本牧中学時代から強豪校として知られた横浜、春夏甲子園通算で最多の137勝を挙げた中京大中京高（旧中京高校）、これも戦前からの強豪として知られた広陵高が4強。

プロ野球に選手を輩出した高校ベスト20

高校名	所在	人数	春		夏	
			甲子園出場	優勝	甲子園出場	優勝
PL学園高校	大阪	77	20	3	17	4
横浜高校	神奈川	71	16	3	20	2
中京大学附属中京高校	愛知	62	32	4	29	7
広陵高校	広島	58	27	3	25	0
大阪桐蔭高校	大阪	45	15	4	13	5
熊本県立熊本工業高校	熊本	40	21	0	23	0
龍谷大学付属平安高校	京都	39	42	1	34	3
東海大学付属相模高校	神奈川	39	12	3	12	2
日本大学第三高校	東京	36	20	1	19	2
大阪体育大学浪商高校	大阪	32	19	2	13	2
享栄高校	愛知	32	11	0	8	0
仙台育英高校	宮城	32	15	0	30	1
報徳学園高校	兵庫	31	23	2	16	1
上宮高校	大阪	30	8	1	1	0
花咲徳栄高校	埼玉	30	5	0	8	1
東北高校	宮城	29	20	0	22	0
愛媛県立松山商業高校	愛媛	29	16	2	26	5
育英高校	兵庫	29	13	0	6	1
帝京高校	東京	28	14	1	12	2
桐蔭学園高校	神奈川	27	6	0	6	1
明徳義塾高校	高知	27	20	0	23	1

これに次いで平成以降に台頭し今中慎二、中田翔、藤浪晋太郎、森友哉らが出た大阪桐蔭高。巨人のレジェンド川上哲治、西武の大捕手伊東勤が出た熊本工業高は公立では最上位。さらに長く平安高校の名で親しまれ衣笠祥雄が出た龍谷大平安高。原辰徳、菅野智之などが出た東海大相模高、根本陸夫、関根潤三など指導者も多く輩出した日大三高と続く。

大体大浪商は、浪華商業高時代に張本勲、高田繁などの名選手を輩出したが、2002年を最後に甲子園には出ていない。享栄高は旧享栄商高。400勝投手金田正一が出た愛知の古豪。そして仙台育英高は2022年夏の甲子園で優勝、翌23年は準優勝と近年、屈指の強豪校となっている。

ただ、プロ野球に多くの選手を輩出した高校と、甲子園で活躍した高校は必ずしも一致しない。次頁に春夏甲子園の高校別勝利数20傑を出したが、智辯和歌山高や明徳義塾高など甲子園で大活躍しながら、プロであまり選手が活躍していない高校もあるのだ。このあたり、深掘りできそうな話題ではある。

さて、ここからは「高校4強」のベストナインを比較しよう。

高校野球甲子園勝利数ベスト20

位	高校名	所在	勝	敗	勝率	勝利数		優勝
						春	夏	
1	中京大中京	愛知	137	49	0.737	58	79	11
2	龍谷大平安	京都	104	72	0.591	43	61	4
3	PL学園	大阪	96	30	0.762	48	48	7
4	県岐阜商	岐阜	87	55	0.613	48	39	4
5	松山商	愛媛	80	35	0.696	20	60	7
6	広陵	広島	79	49	0.617	43	36	3
6	天理	奈良	79	51	0.608	30	49	3
8	大阪桐蔭	大阪	78	18	0.813	36	42	9
9	東邦	愛知	77	43	0.642	58	19	5
10	智辯和歌山	和歌山	70	37	0.654	27	43	4
11	報徳学園	兵庫	68	36	0.654	40	28	3
11	早稲田実	東京	68	49	0.581	23	45	2
13	広島商	広島	63	37	0.630	20	43	7
13	明徳義塾	高知	63	41	0.606	25	38	1
15	仙台育英	宮城	62	43	0.590	16	46	1
15	高松商	香川	62	46	0.574	37	25	4
17	高知商	高知	61	36	0.629	23	38	1
18	横浜	神奈川	60	31	0.659	23	37	5
19	日大三	東京	56	36	0.609	27	29	3
20	帝京	東京	51	23	0.689	21	30	3

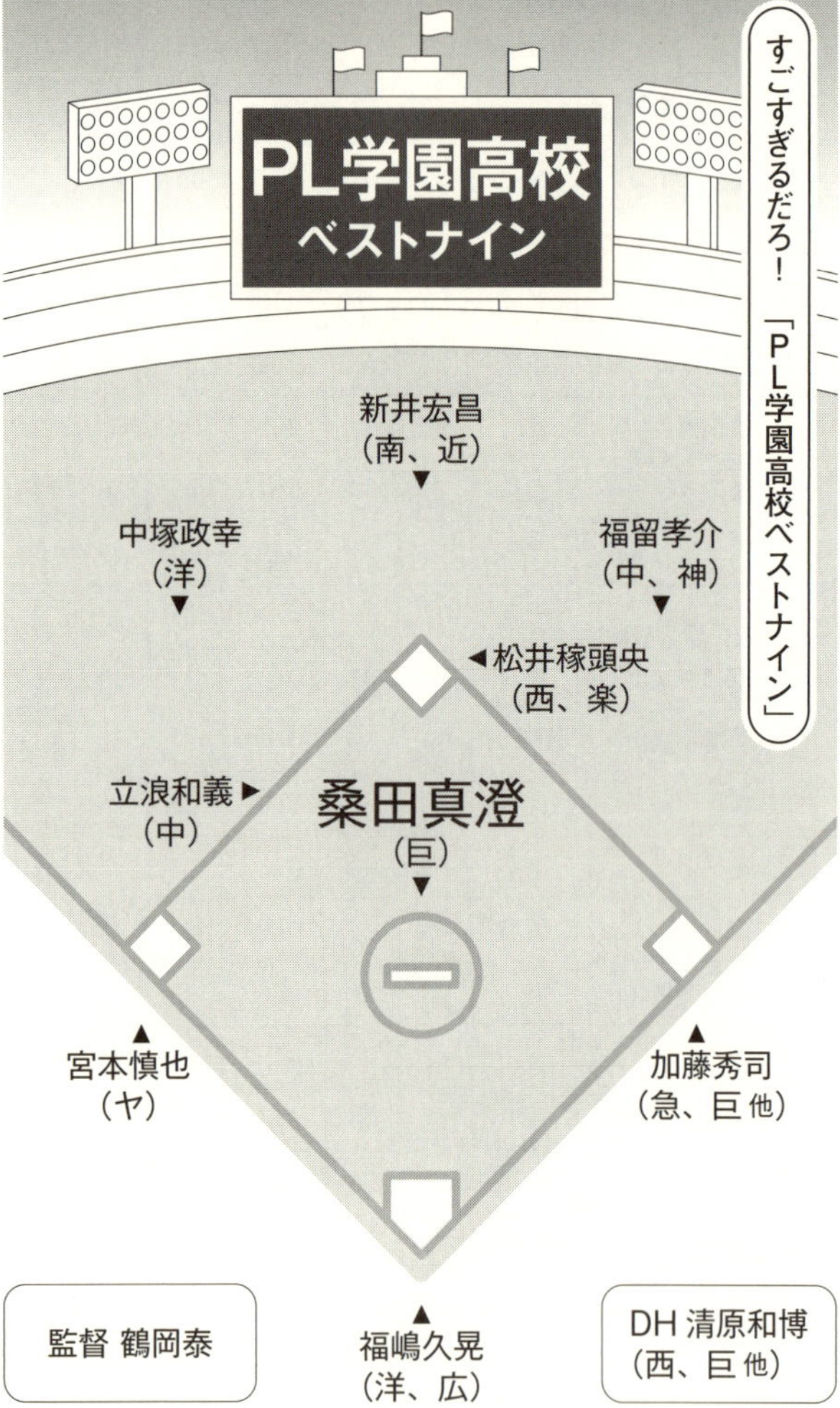
すごすぎるだろ！「PL学園高校ベストナイン」
PL学園高校
ベストナイン
新井宏昌（南、近）
中塚政幸（洋）
福留孝介（中、神）
松井稼頭央（西、楽）
立浪和義（中）
桑田真澄（巨）
宮本慎也（ヤ）
加藤秀司（急、巨 他）
福嶋久晃（洋、広）
監督 鶴岡泰
DH 清原和博（西、巨 他）

	投手	登	勝	敗	S	H	回	率	所属
先	桑田真澄	442	173	141	14	0	2761.2	3.55	巨人
先	尾花高夫	425	112	135	29		2203	3.82	ヤクルト
先	野村弘樹	301	101	88	0		1534	4.01	大洋・横浜
先	前田健太	218	97	67	0	0	1509.2	2.39	広島
先	戸田善紀	332	67	57	10		1176	3.71	阪急－中日
先	西川佳明	110	25	39	1		508.2	4.95	南海－阪神
救	金石昭人	329	72	61	80		1091	3.38	広島－日ハム－巨人
救	新美敏	275	35	52	6		868	4.20	日ハム－広島
救	橋本清	134	9	12	8		187.2	3.17	巨人
救	入来祐作	215	35	35	3	0	781.1	3.77	巨人－日ハム－横浜

順	守	選手	安	本	盗	率	所属
1	二	松井稼頭央	2090	201	363	0.291	西武－楽天－西武
2	遊	立浪和義	2480	171	135	0.285	中日
3	一	加藤秀司	2055	347	136	0.297	阪急－近鉄－巨人－南海
4	指	清原和博	2122	525	59	0.272	西武－巨人－オリ
5	右	福留孝介	1952	285	76	0.286	中日－阪神－中日
6	中	新井宏昌	2038	88	165	0.291	南海－近鉄
7	左	中塚政幸	1440	61	164	0.278	大洋
8	捕	福嶋久晃	702	107	4	0.239	大洋－広島
9	三	宮本慎也	2133	62	111	0.282	ヤクルト
	外	サブロー	1363	127	78	0.265	ロッテ－巨人－ロッテ
	内	今江敏晃	1682	108	32	0.283	ロッテ－楽天
	内	片岡篤史	1425	164	35	0.270	日ハム－阪神
	内	小早川毅彦	1093	171	34	0.273	広島－ヤクルト
	外	吉村禎章	964	149	40	0.296	巨人
	内	今岡真訪	1284	122	17	0.279	阪神－ロッテ
	内	得津高宏	927	41	24	0.288	東京・ロッテ
	外	金森栄治	583	27	11	0.270	西武－阪神－ヤ
	外	坪井智哉	976	32	50	0.292	阪神－日ハム－オリ
	捕	木戸克彦	505	51	8	0.230	阪神
	外	中川圭太	465	28	32	0.257	オリックス

2000本安打以上が6人、殿堂入りは立浪和義一人だけだが、すさまじい顔ぶれがそろった。これだけの選手を1960年代から半世紀ほどで輩出したのだ。

ただ、ポジションが被るので苦労した。PLからは宮本慎也、松井稼頭央、立浪和義と一線級の遊撃手が3人も出ている。ただ松井はキャリア後半から二塁、宮本もキャリア晩年に三塁を守っているので、何とかベストナインを組んだ。

打順は松井稼、立浪に続いて阪急のクラッチヒッターの加藤秀、そして525本塁打の清原、5番にはMLBでも活躍した福留、そのあとに首位打者でイチローの師匠の新井というのも贅沢だ。この人の解説は掌を指すようで、誠に心地よい。ここまで全員が2000本安打（福留は日米通算）。中塚は巨人V9時代に活躍、74年には盗塁王をとった俊足外野手、8番に強打の捕手にして女子プロゴルファー福嶋晃子の父の久晃、9番に宮本。この陣容なら即、ペナントレースで優勝できそうだ。1000試合以上の選手は控えでも載せようと思ったが、こんなに長い表になってしまう。ただ、NPBの現役はオリックスの中川圭太だけ。

投手。高校野球で、ここまで投手陣が揃うのもPL学園だけだ。先発はKKコンビの桑田にヤクルトのエースだった尾花、現デトロイト・タイガースの前田健太、ハマの左腕エース野村、そしてPL出身では野手の中塚と共に最初に主力選手となった戸田。筆者は阪急時代の戸田が南海相手にノーヒットノーランをしたのを見ている。さらにスローカーブが売りで、阪急の上田利治監督に「公園でおっさんが投げとるみたいな球、なんで打たれへんねん」と言われた左腕の西川。打者との駆け引きが抜群だったのだ。硬軟取り混ぜた豪華先発陣だ。

救援は金田正一の甥っ子で、日ハムではクローザーとして活躍した長身の金石、これも先発から中継ぎに転向した新美、さらに巨人の橋本、入来弟とならぶ。救援陣がやや弱いが、一線級の投手陣と言ってよいだろう。監督は名将鶴岡一人の子息でPL学園監督の鶴岡泰か。

PL学園硬式野球部は2016年の夏の大会を最後に「休部」となった。大阪のいわゆる「私学七強」では最も新しい学校だったが、甲子園では最も実績を挙げている。しかし同時にいろいろな不祥事を起こしたのも事実だ。

近年は、細々と続いていた軟式野球部も2024年で休部。そもそも生徒数が激減していて、学校自体の存続も危ぶまれる事態だ。OB会長の桑田真澄が尽力しているが、PL名物の人文字を見る機会はもうないのかもしれない。

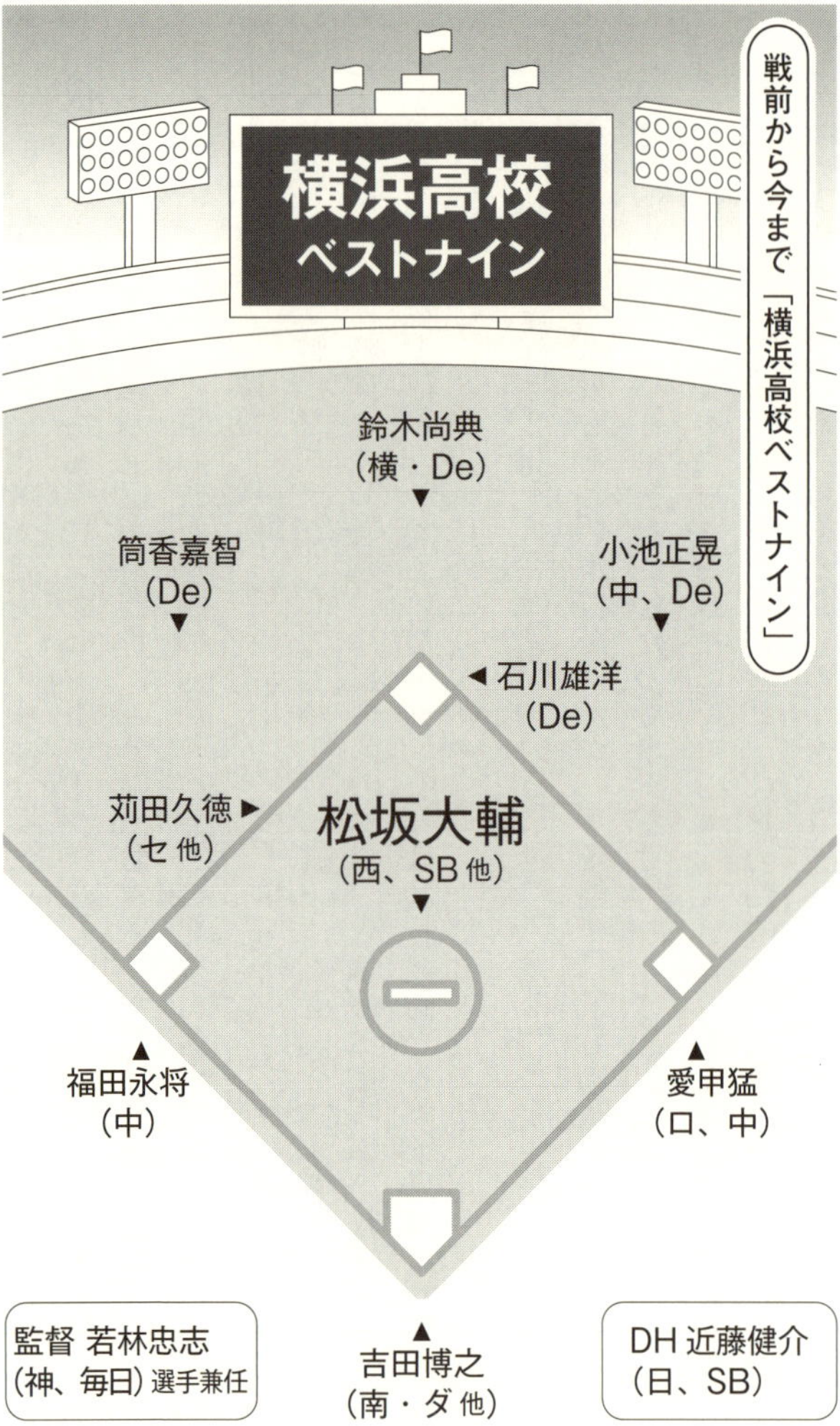
横浜高校
ベストナイン
戦前から今まで「横浜高校ベストナイン」
鈴木尚典
（横・De）
筒香嘉智
（De）
小池正晃
（中、De）
石川雄洋
（De）
苅田久徳
（セ 他）
松坂大輔
（西、SB 他）
福田永将
（中）
愛甲猛
（ロ、中）
監督 若林忠志
（神、毎日）選手兼任
吉田博之
（南・ダ 他）
DH 近藤健介
（日、SB）

	投手	登	勝	敗	S	H	回	率	所属
先	松坂大輔	219	114	65	1	0	1464.1	3.04	西武－SB－中日－西武
先	若林忠志	528	237	144			3557.1	1.99	阪神－毎日
先	涌井秀章	505	162	161	37	16	2794	3.57	西武－ロッテ－楽天－中日
先	成瀬善久	255	96	78	0	0	1567.2	3.43	ロッテ－ヤ－オリ
先	柳裕也	150	48	56	0	0	910	3.28	中日
先	伊藤将司	82	33	22	0	1	497.2	2.80	阪神
救	高橋建	459	70	92	5	23	1459.2	4.33	広島
救	中田良弘	226	33	23	14		464.1	4.73	阪神
救	平岡一郎	349	22	30	0		534.1	3.51	大洋－ロッテ－広島
救	横山道哉	370	21	26	45	20	449	3.89	横浜－日ハム－横浜
救	相川英明	75	12	13	0		220.1	4.45	横浜
救	劉瀬章	64	10	22			318.2	2.79	南海
救	藤平尚真	92	10	17	1	20	253	3.81	楽天

順	守	選手	安	本	盗	率	所属
1	遊	苅田久徳	619	37	148	0.219	セネ－毎日－近鉄他
2	二	石川雄洋	1003	23	118	0.256	DeNA
3	中	鈴木尚典	1456	146	62	0.303	横浜・DeNA
4	指	近藤健介	1302	97	55	0.307	日ハム－SB
5	左	筒香嘉智	1005	212	5	0.281	DeNA
6	一	愛甲猛	1142	108	52	0.269	ロッテ－中日
7	三	福田永将	546	84	1	0.257	中日
8	右	小池正晃	415	55	6	0.243	横浜－中日－DeNA
9	捕	吉田博之	395	40	4	0.241	南海・ダイエー、阪神
	内	阿部真宏	599	26	23	0.248	近鉄－オリ－西武
	遊	倉本寿彦	477	8	6	0.255	DeNA
	外	荒波翔	410	10	62	0.261	DeNA
	外	万波中正	354	62	4	0.241	日ハム
	内	飯田幸夫	337	37	41	0.224	近鉄－中日－大洋
	内	後藤武敏	312	52	1	0.254	西武－DeNA
	外	淺間大基	296	14	32	0.239	日ハム
	外	青木実	132	2	79	0.229	ヤクルト

戦前の旧制本牧中学時代から、甲子園に出場している古豪。１番には古豪に敬意を表して戦前の守備の名手で殿堂入りしている苅田久徳。草創期のプロ野球では伝説的な名手だった。２番には俊足内野手の石川雄洋。３番には首位打者２回のハマの安打製造機、鈴木尚典。そして４番は、当代ＮＰＢ最高の打者の一人近藤健介。小柄だが選球眼も長打力も一級品。さらに、２０２４年ＭＬＢから古巣ＤｅＮＡに復帰した筒香嘉智。ドミニカ共和国の野球にほれ込み、脂ののった盛りの29歳でＭＬＢに挑戦するが思った結果が出ず。しかし復帰した２０２４年の日本シリーズの活躍は印象的だった。

６番には１９８０年夏の甲子園で、早稲田実業の荒木大輔に投げ勝って優勝投手になった愛甲猛。プロでは強打者として活躍。７番は中日の中軸を打った福田永将。８番は松坂世代の外野手の小池正晃。そして９番には南海の捕手だった吉田。ドカベン香川（伸行）と同時期に使われた捕手で「よしだ、よしだ、おとこまえ！」と声がかかった。これ、応援団に聞いてみると「香川よりは、おとこまえ」ということだった。

投手では、戦前の大阪のエースでハワイ日系二世の若林忠志が最多勝なのだが、ここは松坂大輔に初戦の先発をまかせたい。１９９８年夏の甲子園の決勝戦でノーヒットノーラン。高卒１年目に「大輔フィーバー」を巻き起こし、ＭＬＢレッドソックスでもエース格で活躍した。ＮＰＢに復帰してからは苦しいマウンドが続いたが、何と言っても１９８０年生まれ「松坂世代」のフラッグシップだ。

さらに松坂の背中を追いかけてプロ入りした涌井は西武、ロッテ、楽天で最多勝。今もベテランの味を見せている。左腕の成瀬はロッテで最優秀防御率１回。中日の柳も最優秀防御率１回。左腕の阪神、伊藤将は安定感のある先発投手。

救援では広島で先発、救援で長く投げた高橋建。ＭＬＢでも短期間投げた。これも先発、救援の阪神、中田良弘から、２０２４年になって小気味良いピッチングで売り出した藤平まで。先発、救援共に充実している。

監督は実際に大阪、毎日の監督をした若林忠志がいる。

こうしてみると地元横浜、大洋、ＤｅＮＡに縁がある選手が多いことにも気づく。しかし筒香は和歌山、柳は宮崎、伊藤将は千葉など、野球留学で横浜に入った選手が多いのも特徴だ。

残念ながらＰＬ学園には、現役選手がほとんどいなくなっているが、横浜は古豪でありながら今も選手を輩出している。

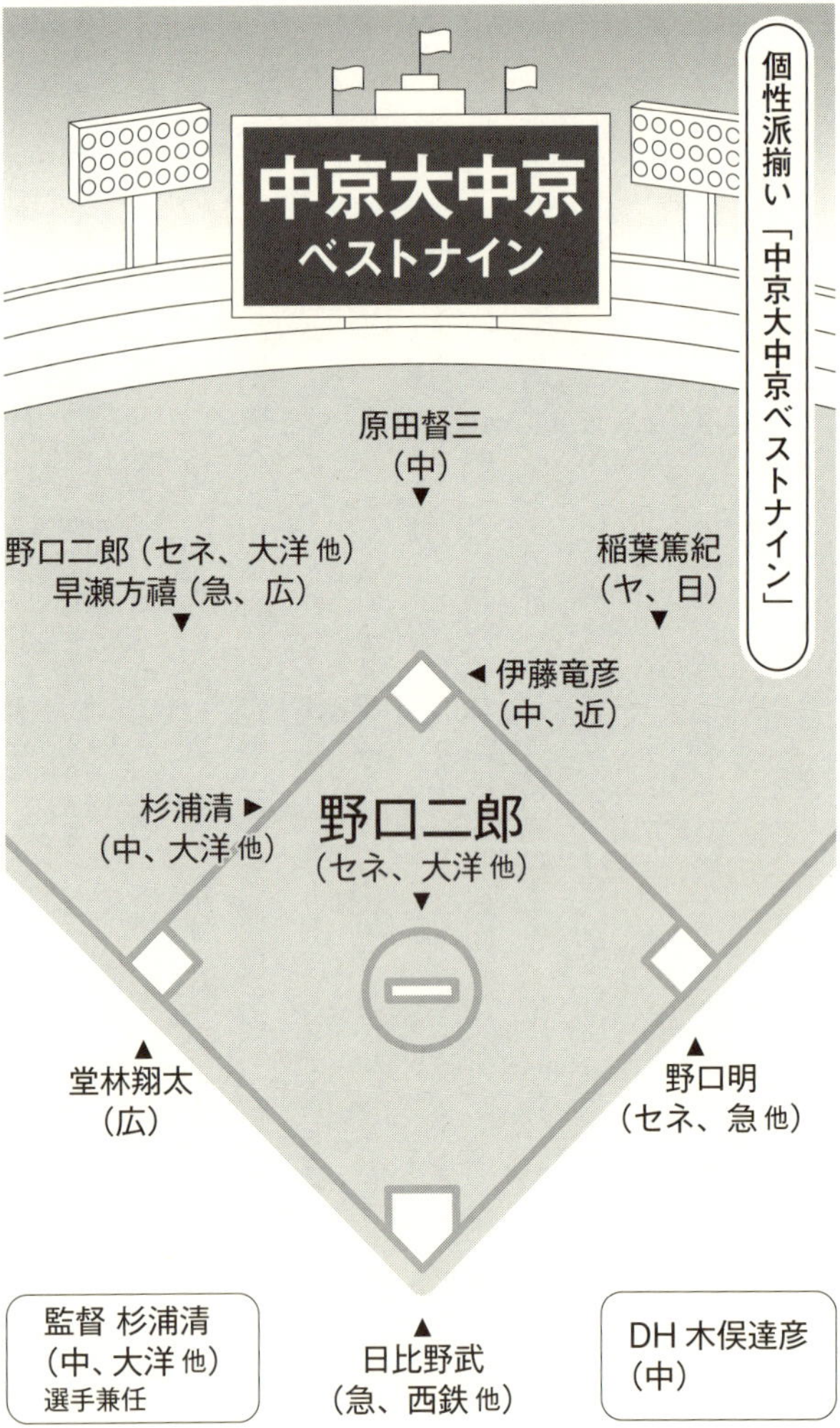
中京大中京
ベストナイン
個性派揃い「中京大中京ベストナイン」
原田督三
（中）
野口二郎（セネ、大洋 他）
早瀬方禧（急、広）
稲葉篤紀
（ヤ、日）
伊藤竜彦
（中、近）
杉浦清
（中、大洋 他）
野口二郎
（セネ、大洋 他）
堂林翔太
（広）
野口明
（セネ、急 他）
監督 杉浦清
（中、大洋 他）
選手兼任
日比野武
（急、西鉄 他）
DH 木俣達彦
（中）

	投手	登	勝	敗	S	H	回	率	所属
先	野口二郎	517	237	139			3447.1	1.96	セネ－大洋－阪急
先	中山俊丈	396	83	90			1605	2.55	中日
先	山中巽	233	61	49			1038.2	2.97	中日
先	野口明	113	49	40			751	2.54	セネ－阪急－中日
先	髙橋宏斗	65	25	22	0	0	406.1	2.10	中日
救	水谷則博	476	108	111	2		1946.2	4.01	中日－ロッテ
救	紀藤真琴	474	78	73	16	0	1456.1	4.07	広島－中日－楽天
救	伊藤敦規	483	56	51	11		1025	3.76	阪急－横浜－阪神
救	林俊宏	150	29	17			470.2	3.13	南海
救	本間勝	216	28	38			693.1	2.86	阪神－西鉄
救	久野勝美	92	19	30			433	4.20	中日
救	江崎照雄	140	10	21			410.1	4.25	毎日－近鉄－中日

順	守	選手	安	本	盗	率	所属
1	中	原田督三	1212	64	203	0.269	中日
2	二	伊藤竜彦	546	33	20	0.230	中日－近鉄
3	右	稲葉篤紀	2167	261	74	0.286	ヤクルト－日ハム
4	指	木俣達彦	1876	285	20	0.277	中日
5	遊	杉浦清	846	125	78	0.255	中日－大洋－国鉄
6	左	野口二郎	830	9	94	0.248	セネ－大洋－阪急
7	三	堂林翔太	654	66	41	0.243	広島
8	一	野口明	1169	61	29	0.251	セネ－阪急－中日
9	捕	日比野武※	1048	56	19	0.237	阪急－西日本－西鉄
	捕	嶋基宏	936	26	50	0.240	楽天－ヤクルト
	二	鬼頭数雄	487	9	80	0.277	大東京－南海
	外	早瀬方禧	454	49	12	0.248	阪急－広島
	外	伊藤庄七	372	25	52	0.256	毎日－東映－中日
	内	芳賀直一	346	2	36	0.180	名古屋

※中退

甲子園最多勝の中京大中京は、戦前から中京商業学校の名前で名選手を輩出してきた。こちらも地元中日ドラゴンズに縁がある選手が多い。

1番には終戦後の中日にあって強肩で守備範囲の広い快速外野手として知られた原田。サイクルヒット1回。最多三塁打1回。2番には中日の内野手の伊藤。高校時代はエースで春の甲子園で準優勝。3番にはヤクルト、日ハムで中距離打者として永く活躍し2000本も打った稲葉。外野守備の名手でゴールデン・グラブを5回受賞。2007年の首位打者、2019年のプレミア12の優勝監督でもあった。

4番は、巨人V9時代に「強打の捕手」として星野仙一や鈴木孝政の球を受けた木俣。1876安打は野村克也、阿部慎之助、古田敦也に次いで捕手では4位。筆者は過小評価されていると思う。杉浦清も「打てる遊撃手」だった。戦前に海草中学監督、そこから現役に復帰し、戦後に中部日本のプレイングマネージャーという変わった経歴。

中京大中京出身で最高の選手は野口二郎だ。夏の甲子園の優勝投手で、法政大学を中退して1939年、弱小東京セネタースに入団すると1年目から33勝、そして投げない日は外野、一塁で中軸を打った。大谷翔平のはるか以前の「二刀流」だった。1942年には当時のプロ野球記録のシーズン40勝。打っても1946年に当時のプロ野球記録の31試合連続安打。大洋軍から戦後は阪急で活躍した。この選手は野手としては外野だが、登板するときは阪急の外野手早瀬方禧《まさよし》に左翼を守らせることにする。7番に広島で現役の堂林、8番一塁には野口二郎の3歳上の兄の明。捕手が本業だが、彼も投手として49勝している。9番には西鉄黄金時代の捕手、日比野武を入れた。

投手陣、エースは文句なしに野口二郎。続いて1950年代に20勝2回の中山、サイドスローで巨人戦ノーヒットノーラン。さらに1960年代に活躍した山中の中日勢。さらに前述のように野口二郎の兄の野口明もローテに載せたい。このあとに、今の中日の若きエース髙橋宏斗とした。2024年は規定投球回に到達して被本塁打わずかに1という驚異的な記録を作った。

救援ではこれも中日で先発、中継ぎで活躍した左腕水谷。広島、中日、楽天で息の長い活躍をした紀藤。阪急では先発、横浜を経て阪神では救援投手として活躍した伊藤敦規。さらに60年代の南海の先発、救援で活躍した林俊宏とした。

中京大中京のイメージは、どうしても中日ドラゴンズと重なる部分がある。職人気質と言われる選手が多いのだ。監督は、中日の監督を2度にわたって務めた杉浦清で良いかと思う。

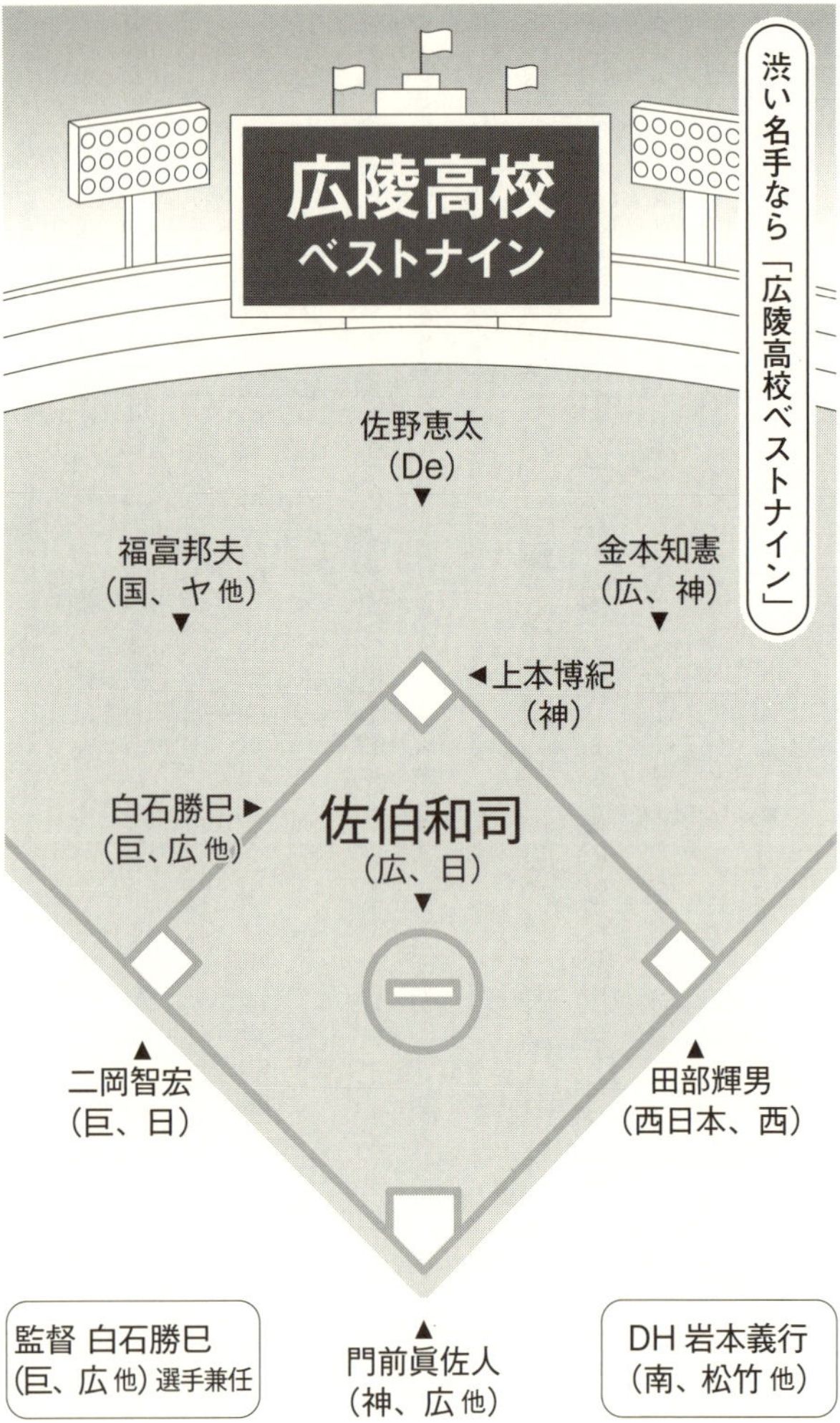
渋い名手なら「広陵高校ベストナイン」
広陵高校
ベストナイン
佐野恵太
(De)
福富邦夫
(国、ヤ 他)
金本知憲
(広、神)
上本博紀
(神)
白石勝巳
(巨、広 他)
佐伯和司
(広、日)
二岡智宏
(巨、日)
田部輝男
(西日本、西)
監督 白石勝巳
(巨、広 他) 選手兼任
門前眞佐人
(神、広 他)
DH 岩本義行
(南、松竹 他)

	投手	登	勝	敗	S	H	回	率	所属
先	佐伯和司	302	88	100	2		1679.2	3.62	広島－日ハム－広島
先	有原航平	172	84	62	2	1	1139.1	3.37	日ハム－SB
先	野村祐輔	211	80	64	0	0	1226.1	3.53	広島
先	西村龍次※	205	75	68	2		1234	3.76	ヤ－近－ダイエー
先	吉川光夫	219	55	70	3	3	1049.2	3.96	日ハム－巨人－日ハム－西武
救	福原忍	595	83	104	29	118	1338.1	3.49	阪神
救	西村健太朗	470	38	34	81	77	752.1	3.12	巨人
救	中田廉	267	15	16	0	51	290.1	4.43	広島
救	佐竹健太	261	5	8	0	41	223.2	4.91	広島－楽天
救	上原健太	102	14	28	0	2	364	4.2	日ハム
救	岩本信一	78	24	25			378.1	4.8	南海－大洋－松竹

※中退

順	守	選手	安	本	盗	率	所属
1	遊	白石勝巳	1574	84	210	0.256	巨人－パシフィック－広島
2	三	二岡智宏	1314	173	48	0.282	巨人－日ハム
3	右	金本知憲	2539	476	167	0.285	広島－阪神
4	指	岩本義行	859	123	140	0.275	南海－松竹－大洋－東映
5	中	佐野恵太	839	90	3	0.289	DeNA
6	左	福富邦夫	1076	89	70	0.255	国鉄－太平洋－ヤクルト
7	二	上本博紀	522	30	94	0.265	阪神
8	捕	門前眞佐人	892	80	50	0.237	阪神－金星－大洋－広島
9	一	田部輝男	319	35	21	0.251	西日本－西鉄
	外	福田周平	571	5	89	0.257	オリックス
	内	濃人渉	436	11	73	0.212	金鯱－大洋－金星
	捕	小林誠司	375	16	9	0.204	巨人
	外	藤川俊介	310	9	28	0.249	阪神
	内	新井良太	298	40	5	0.238	中日－阪神
	捕	久保祥次	257	22	4	0.203	広島－近鉄
	捕	太田光	210	15	6	0.207	楽天
	内	木下強三	208	4	20	0.215	広島

広島の高校球界を広島商と共に二分した広陵高校。広島商は県立、広陵は私学だ。投打に分厚い布陣ではある。

打線、1番の白石は広島出身、戦前の巨人の名遊撃手で、戦後は2リーグ分立と共にセ・リーグに参加した広島に入団、のちにプレイングマネージャーになった。巨人時代はアメリカの名優ジェームズ・キャグニーに似ているといわれ人気選手だった。二岡も遊撃手だったが、白石にポジションを譲り、実際にも守ったことがある三塁とした。さらに広島、阪神で「鉄人」の異名を取ったスラッガーの金本。1492試合フルイニング出場の大記録を持つ。2539安打は史上7位。

4番は戦前は南海、戦後は松竹の主軸として活躍した岩本。1950年松竹のセ・リーグ優勝時には大活躍した。NPB史上初のトリプルスリーも記録している。向かっていく打者で1952年にはセ・リーグ記録のシーズン24死球。5番は当代DeNAの主軸の佐野恵太。2020年の首位打者。6番は国鉄、ヤクルトで渋い打撃で鳴らした福富。7番は阪神の二塁手の上本、弟の上本崇司は同じく広陵出身、広島のユーティリティだった。8番に戦前から戦後、強打の捕手として活躍した門前。阪神の契約第一号選手だった。実はこのチーム、一塁手がいない。プロ野球草創期、これも広陵出身で快速の内野手として活躍し殿堂入りしている田部武雄（プロ野球では記録なし）の従弟で、プロ生活は西鉄ライオンズなどでわずか5年ながら一塁手として渋い活躍をした田部輝男とした。控え内野手の濃人渉は日系二世、中日、ロッテの監督を歴任。巨人の現役小林はリード、守備の良い捕手。新井良太は広島監督の新井貴浩の弟だが、兄は県立広島工出身だ。

投手陣、広島の初優勝時のエースで、のちに日本ハムでも投げた佐伯、現役で日本ハムからＭＬＢを経てソフトバンクに移籍し、安定感のある投球の有原、２０２４年限りで引退を表明した広島のエース野村、中退ではあるがヤクルトの先発陣の一角を担った西村、さらに日本ハム時代にＭＶＰにも輝いた左腕の吉川と続く布陣。

救援は、若いころは先発で投げ、30歳を過ぎて救援に転向、38、39歳のシーズンに連続最多ホールドを記録した阪神の福原、二岡とは高校の同期。高校時代は二岡がエースで福原は控えだった。コーチとしても阪神投手陣を支えた。巨人のクローザーの西村、広島の中継ぎだった中田と最近の選手が続く。岩本信一は岩本義行の弟だ。

監督経験者は金本知憲、岩本義行、濃人渉などがいるが、やはり草創期の苦しい広島をけん引した白石勝巳にしたい。

2－3　出身大学別ベストナイン

ざっくりと日本野球の歴史を紐解けば、1872（明治5）年前後に、アメリカのお雇い外国人、ホーレス・ウィルソンによってのちの東京帝国大学である開成学校の生徒にもたらされた野球は、当初、開成学校改め第一高等学校＝一高で広がった。以後、各地の学校に野球は広がっていったが、日本野球のオリジンである一高の天下が長く続いた。これを「一高時代」という。

この一高を1893年に初めて打ち負かしたのが慶應義塾だ。そして1903年、この慶應義塾に挑戦したのが東京専門学校、のちの早稲田大学だ。早稲田大と慶應義塾大の「早慶戦」が大人気となり、これを核として東京六大学野球が始まった。

そして東京六大学に倣って各地の大学が野球のリーグ戦を開始。大学野球は日本のトップリーグとしてプロ野球ができるまで、人気を集めてきた。プロ野球への人材輩出では、明治大学を筆頭に東京六大学が上位4つを占めている。

東都大学野球は1931年に始まる。東京六大学が6つの大学で固定されたクローズ

プロ野球に選手を輩出した大学ベスト20

大学	人数	所属リーグ	リーグ優勝	大学選手権優勝	神宮大会優勝
明治大学	154	東京六大学	43	6	7
法政大学	153	東京六大学	46	8	3
早稲田大学	121	東京六大学	48	5	1
慶應義塾大学	81	東京六大学	40	4	5
駒澤大学	81	東都大学	27	6	5
亜細亜大学	78	東都大学	27	5	5
中央大学	75	東都大学	25	3	1
日本大学	73	東都大学	23	2	1
東海大学	71	首都大学	75	4	3
立教大学	70	東京六大学	13	4	0
東洋大学	61	東都大学	20	4	2
専修大学	60	東都大学	32	1	0
近畿大学	60	関西学生	40	4	2
東北福祉大学	59	仙台六大学	76	3	0
青山学院大学	53	東都大学	16	6	1
立命館大学	47	関西学生	22	0	0
関西大学	43	関西学生	9	2	1
東京農業大学	33	東都大学	0	0	0
神奈川大学	32	神奈川大学	57	0	0
國學院大學	31	東都大学	4	0	0

東京大学	6	東京六大学	0	0	0

東都大学のリーグ優勝は1部のみ

ドリーグなのに対し、東都は4部まであるオープンリーグで入れ替え戦を経てメンバー校が入れ替わる。

首都大学野球は、東海大学が中心となって1964年に始まった。こちらも2部まであるオープンリーグだ。

関西では、1931年に東京六大学に倣って旧関西六大学野球連盟が創設されたが、1982年に分裂騒動があり、老舗の関関同立（関西大学、関西学院大学、同志社大学、立命館大学）に近畿大学、京都大学を加えたクローズドリーグの関西学生野球連盟が誕生した。

これらが大学野球の有力リーグだが、近年は仙台六大学の東北福祉大や北東北大学野球の富士大など新興の大学も台頭している。大学からプロへの人材輩出は、こうした大学野球の勢力図を反映している。

東京六大学ベストナイン

さて、大学ベストナインだが、上位6校のベストナインを作ることも考えたのだが、ここは老舗の東京六大学に限定したい。明治、法政、早稲田、慶應義塾の上位4校は当然、10位の立教はまだ許せるとして、これまでたった6人しかプロ野球選手が輩出していない東大を入れるのか、と思われる人も多いだろう。しかし、東京六大学に東大がいることは、非常に重要だと思っている。すでに説明したように野球は、アメリカから日本の最高学府である開成学校、一高にもたらされた。ここから大学へ、中等学校（高校）へと広がった。日本野球は「エリート主義」「学歴偏重主義」なのだ。だから実力的に大きく劣る東大が、未だに日本最高の大学リーグである東京六大学の一員になっている。関西六大学の分裂騒ぎの際も、関西の老舗、関関同立は、実力的には大きく劣るが、東大と並ぶ最高学府の京都大学に声をかけて新設の関西学生野球連盟に加盟させた。また、選手は少なくても東大、京大は日本のプロアマ野球の運営を担う人材を多数輩出してきた。今の日本高野連の会長も京都大学の寶馨《たからかおる》名誉教授だ。

そういうこともあって「無理を承知で」東大のベストナインも組んでみる。ご理解のほどを。

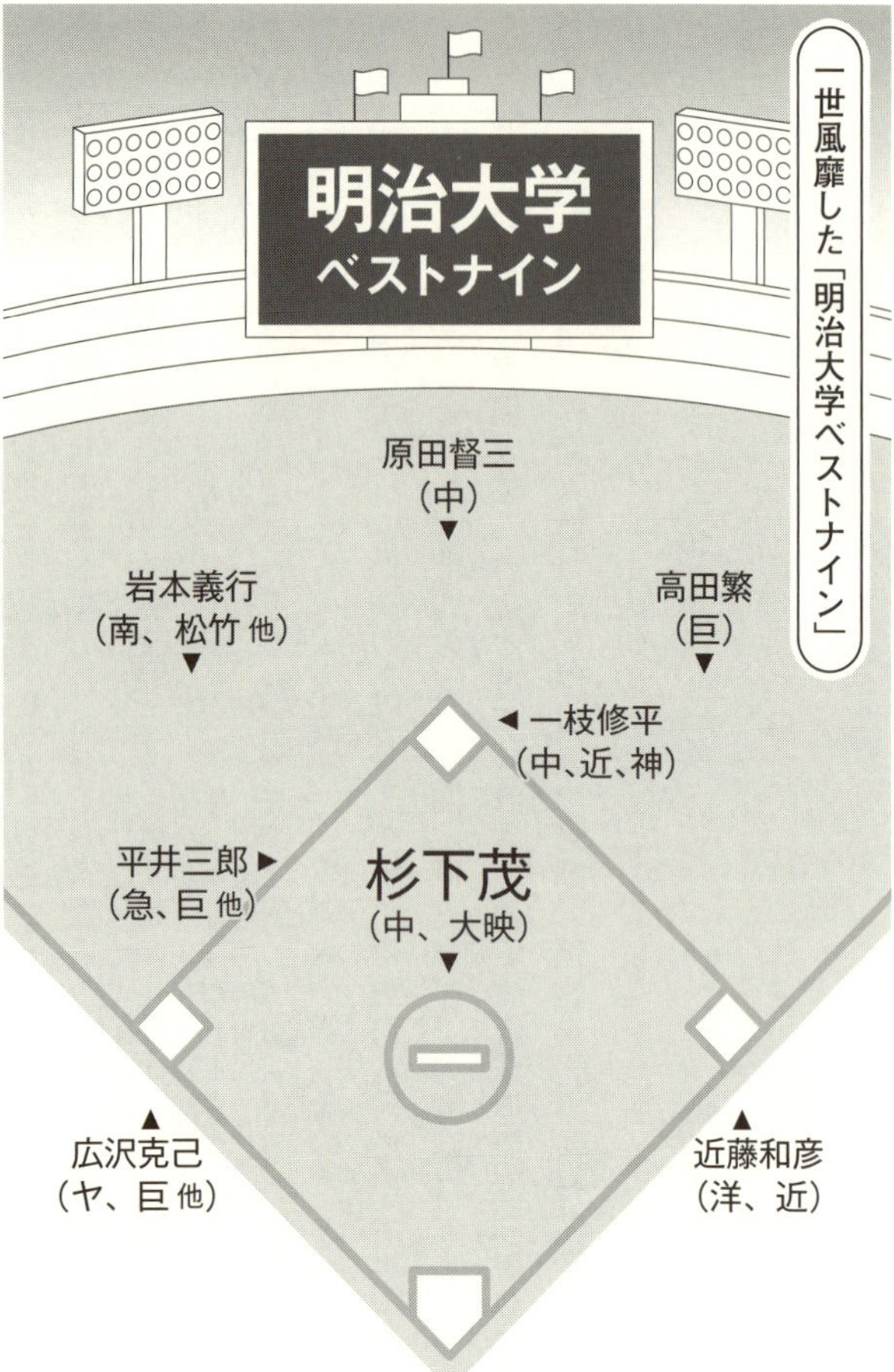
一世風靡した「明治大学ベストナイン」
明治大学
ベストナイン
原田督三
（中）
岩本義行
（南、松竹 他）
高田繁
（巨）
一枝修平
（中、近、神）
平井三郎
（急、巨 他）
杉下茂
（中、大映）
広沢克己
（ヤ、巨 他）
近藤和彦
（洋、近）
監督 天知俊一
（中）
土井淳
（洋）
DH 大下弘
（東急、西鉄）

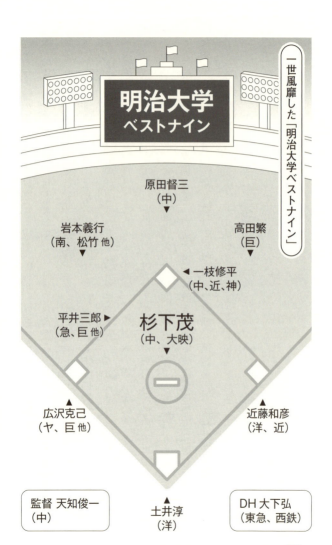

	投手	登	勝	敗	S	H	回	率	所属
先	杉下茂	525	215	123			2841.2	2.23	中日－大映
先	藤本英雄	367	200	87			2628.1	1.90	巨人－中日－巨人
先	秋山登	639	193	171			2993	2.60	大洋
先	星野仙一	500	146	121	34		2128.2	3.60	中日
先	川上憲伸	275	117	76	1	1	1731	3.24	中日
先	清水秀雄	260	103	100			1811.1	2.69	南海－中日－大洋
先	林義一	281	98	98			1785	2.66	大映－阪急
先	野村祐輔	211	80	64	0	0	1226.1	3.53	広島
救	鹿取義隆	755	91	46	131		1306.1	2.76	巨人－西武
救	武田一浩	341	89	99	31		1517.2	3.92	日ハム－ダ－中日－巨人
救	高野裕良	264	78	92			1535.1	3.77	巨人－金星－大洋
救	野村武史	230	73	73			1199.2	3.20	セネ－毎日－高橋－毎日
先	山﨑福也	200	49	51	0	3	828.2	3.73	オリックス－日ハム
先	森下暢仁	112	47	34	0	0	748	2.77	広島
先	柳裕也	150	48	56	0	0	910	3.28	中日

順	守	選手	安	本	盗	率	所属
1	右	高田繁	1384	139	200	0.273	巨人
2	中	原田督三	1212	64	203	0.269	中日
3	一	近藤和彦	1736	109	159	0.285	大洋－近鉄
4	指	大下弘	1667	201	146	0.303	セネタース・東急－西鉄
5	三	広沢克己	1736	306	78	0.275	ヤ－巨人－阪神
6	左	岩本義行	859	123	140	0.275	南海－松竹－大洋－東映
7	遊	平井三郎	988	51	168	0.277	阪急－西日本－巨人
8	二	一枝修平	766	52	30	0.244	中日－近鉄－阪神
9	捕	土井淳	508	23	27	0.215	大洋
	外	島内宏明	1174	104	63	0.273	楽天
	遊	杉浦清	846	125	78	0.255	中日－大洋－国鉄
	外	佐野恵太	839	90	3	0.289	DeNA
	三	児玉利一	781	51	32	0.278	中日－大洋
	外	常見昇	742	43	91	0.257	東映－阪急
	内	安井亀和	711	14	170	0.226	南海－大洋－高橋
	外	河西俊雄	652	11	233	0.258	南海－阪神
	内	糸原健斗	666	12	22	0.270	阪神
	二	国枝利通	633	10	192	0.273	中日
	遊	平田勝男	633	23	19	0.258	阪神

東京六大学で最多の154人ものプロ選手を輩出している明治大学は、実に豪華な顔ぶれだ。

打線は1番に巨人V9の外野手、高田繁。浪商から明大。2番は中京大中京でも紹介した中日の名外野手原田。3番は東京六大学時代、立教の長嶋茂雄のライバルで、プロでも打率2位を4回も記録した近藤和彦。左打者で天秤棒を担ぐような独特の打法で知られた。のちプロ野球ニュース解説者。京都育ちで上品な関西弁だった。4番は「青バット」で戦後プロ野球の開幕を彩り、のちに西鉄ライオンズの中軸となった大下弘。明治大学時代はポンポンと本塁打を連発したので「ポンちゃん」と言われた。さらにヤクルト、巨人、阪神で活躍した広沢、今は少年野球ポニーベースボール協会の理事長だ。岩本は広陵高で紹介した強打者。平井三郎は広岡達朗の前の巨人の正遊撃手。一枝は中日でシャープな守備で鳴らした名二塁手。そして土井淳は、大投手秋山登と組んで明治大学、大洋で一世を風靡した名捕手。控え戦力も打点王の島内をはじめ分厚い。

投手陣の筆頭は杉下茂。わかっていても打てないフォークを駆使した。筆者は90歳の杉下に話を聞いたことがあるが「フォークはそれほど投げませんでしたけど、相手打者が勝手に意識してくれました」と語っていた。藤本英雄は1950年に史上初の完全試合を記録した巨人のエース。そして秋山登はサイドスローの名投手だった。1960年大洋の初優勝時に21勝。通算193勝に終わったが強豪チームに在籍していたら優に200勝していただろう。このあとに「闘将」星野仙一が来る。中日では先発だけでなく、初代のセーブ王になっている。監督としても中日、阪神、楽天で采配を振るった。川上憲伸は平成の中日のエース。MLBでも投げた。清水秀雄は戦前の南海に争奪戦の果てに入団。打者としても活躍。林義一は大映の技巧派エース。カーブの使い手。第1章で紹介したように江夏豊の恩師でもあった。そして広陵高の項でも取り上げた2024年引退の野村。救援では巨人、西武で131セーブを挙げた鹿取に、4球団で投げた技巧派の武田。今はMLB解説者として癖のある解説をしている。高野は秋山の前の大洋のエースだが、救援でも投げている。野村武史は弱小高橋ユニオンズにあって先発、救援で活躍。明治大学は先発投手の層が非常に厚いので、現役で活躍する先発投手の日本ハム山﨑福、広島森下、中日柳の名前を末尾に挙げておく。

監督は選手経験のない応援団出身の名将、島岡吉郎がすぐに浮かぶが、筆者は杉下茂の生涯の恩師で、1954年の中日優勝時の監督の天知俊一を推したい。

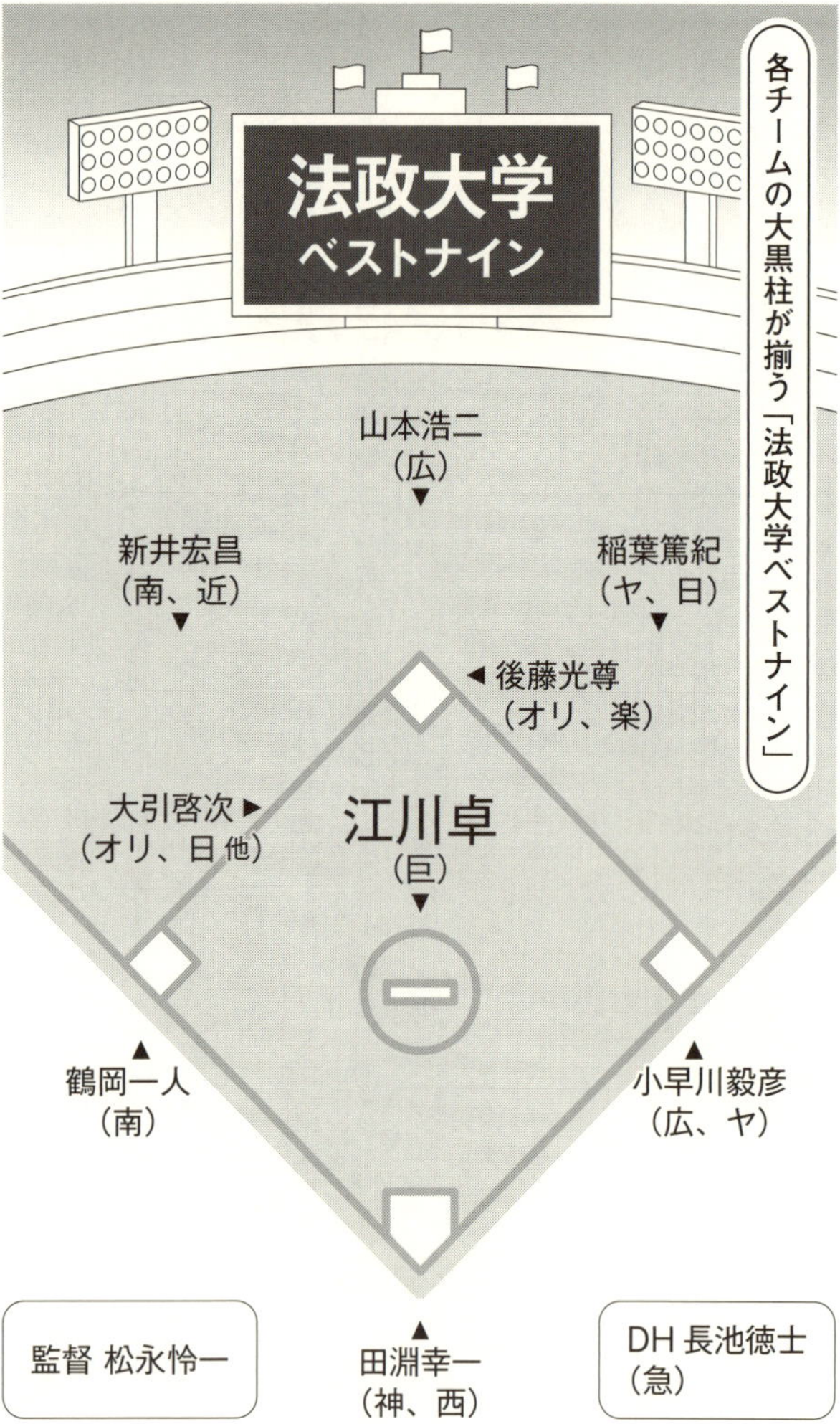
各チームの大黒柱が揃う「法政大学ベストナイン」
法政大学
ベストナイン
山本浩二
（広）
新井宏昌
（南、近）
稲葉篤紀
（ヤ、日）
後藤光尊
（オリ、楽）
大引啓次
（オリ、日 他）
江川卓
（巨）
鶴岡一人
（南）
小早川毅彦
（広、ヤ）
監督 松永怜一
田淵幸一
（神、西）
DH 長池徳士
（急）

	投手	登	勝	敗	S	H	回	率	所属
先	江川卓	266	135	72	3		1857.1	3.02	巨人
先	野口二郎	517	237	139			3447.1	1.96	セネ－大洋－阪急
先	若林忠志	528	237	144			3557.1	1.99	阪神－毎日
先	柚木進	281	123	64			1511.2	2.49	南海
先	江本孟紀	395	113	126	19		1978.2	3.52	東映－南海－阪神
先	髙村祐	287	83	102	9	0	1476.2	4.31	近鉄－楽天
救	榎原好	285	77	70			1273.1	3.23	毎日－近鉄－南海
救	安藤優也	486	77	66	11	76	1121	3.56	阪神
救	石井丈裕	253	68	52	10		1093	3.31	西武－日ハム
救	関根潤三	244	65	94			1345.1	3.42	近鉄－巨人
救	三富恒雄	254	56	78			1290	3.02	翼－金星－中日
救	近藤貞雄	222	55	71			1239	2.91	西鉄－巨人－中日
救	池田親興	277	53	69	30		970.2	4.58	阪神－ダーヤ
救	葛西稔	331	36	40	29		584	3.59	阪神
救	川端順	310	46	26	19		692.1	3.00	広島
救	住友一哉	229	18	11	17		383	4.18	近鉄－阪神

順	守	選手	安	本	盗	率	所属
1	左	新井宏昌	2038	88	165	0.291	南海－近鉄
2	右	稲葉篤紀	2167	261	74	0.286	ヤクルト－日ハム
3	中	山本浩二	2339	536	231	0.290	広島
4	捕	田淵幸一	1532	474	18	0.260	阪神－西武
5	指	長池徳士	1390	338	98	0.285	阪急
6	三	鶴岡一人	790	61	143	0.295	南海
7	一	小早川毅彦	1093	171	34	0.273	広島－ヤクルト
8	二	後藤光尊	1265	95	83	0.269	オリ－楽天
9	遊	大引啓次	1004	48	67	0.251	オリ－日－ヤ
	外	山本一義	1308	171	22	0.270	広島
	外	長崎慶一	1168	146	122	0.279	大洋－阪神
	外	関根潤三	1137	59	30	0.279	近鉄－巨人
	二	大島公一	1088	24	71	0.261	近鉄－オリ－楽天
	内	富田勝	1087	107	126	0.270	南海－巨人－日ハム
	外	田川豊	954	25	128	0.267	南海－大陽－近鉄－大映
	内	後藤次男	923	51	113	0.283	阪神
	外	戸倉勝城	895	75	115	0.283	毎日－阪急
	外	野口二郎	830	9	94	0.248	セネ－大洋－阪急
	外	森下重好	828	99	45	0.256	大陽－近鉄
	内	苅田久徳	619	37	148	0.219	セネ－毎日－近鉄他

大学野球選手権大会では最多勝の法政大学。明治大学に一歩も引かない強豪チームになっている。特に打線は強力。1番は安打製造機、PL学園出身の新井、2番には中京高の稲葉、3番はミスター赤ヘル山本浩二とこれまで出てきた顔ぶれがそろう。4番は同じ1946年生まれ、富田勝も加え「法政三羽烏」として1968年ドラフトの目玉だった田淵。1962年から13年連続本塁打王だった王貞治を阻んで1975年に本塁打王。そして阪急初優勝時の絶対的な主軸の長池。顎を肩の上にのせてぐっと構える独特の打撃フォームが印象的だった。6番に鶴岡（山本）親分、7番にPL学園の強打者小早川と続く。さらにオリックスでは中軸を打った後藤が8番二塁、9番にはオリックス、日ハム、ヤクルトで最近まで遊撃手として活躍した大引とした。大引の実家は大阪の神社、子どもの頃、広い境内で練習をしたという。

法政大学と言えば昔はバンカラな印象だったが、2024年から監督に就任した大島公一によれば「今の選手は、試合がある日でも午前中に授業を受けています」とのこと。ずいぶん変わったものだ。

投手陣では、最多勝の若林、シーズン40勝の野口も考えないではなかったが、ここは法政大学2位の勝利数の47勝を挙げた江川卓をエースとした。「江川事件」は忌まわしかったが、一世を風靡した投手だった。豪腕江川に技巧派若林、二刀流の野口と多彩な投手陣。柚木は戦後の南海のエース。さらに江本は東映、南海、阪神で先発として活躍。「ベンチがあほやから」と引退したことで知られる。髙村は近鉄、楽天の先発で、今は法政大助監督。筆者は髙村の講演を聞き「教えないコーチング論」に感銘を受けたことがある。

救援では、毎日でロングリリーフとして活躍した榎原、先発でスタートしベテランになって円熟のリリーフとなった阪神の安藤、西武で先発、救援で活躍した石井。

関根潤三は大学時代はエース。根本陸夫とバッテリーを組んだが、弱小近鉄では先発を経て外野手でも活躍した「二刀流」、引退後はヤクルト、横浜で監督を務めた。三富恒雄は、左腕サイドスローの変則派。終戦直後の中日で活躍。近藤貞雄は終戦前後の巨人で投げたのちに中日へ。中日、大洋、日ハムで監督を務めた。池田は阪神、ダイエーで先発、救援で活躍。葛西は阪神、川端は広島で、ともに救援投手として活躍。住友は近鉄、阪神で中継ぎとして投げた。

監督候補は実に多いが、ここは大学野球の名将、松永怜一としよう。甲高いダミ声の野球解説も印象的だった。

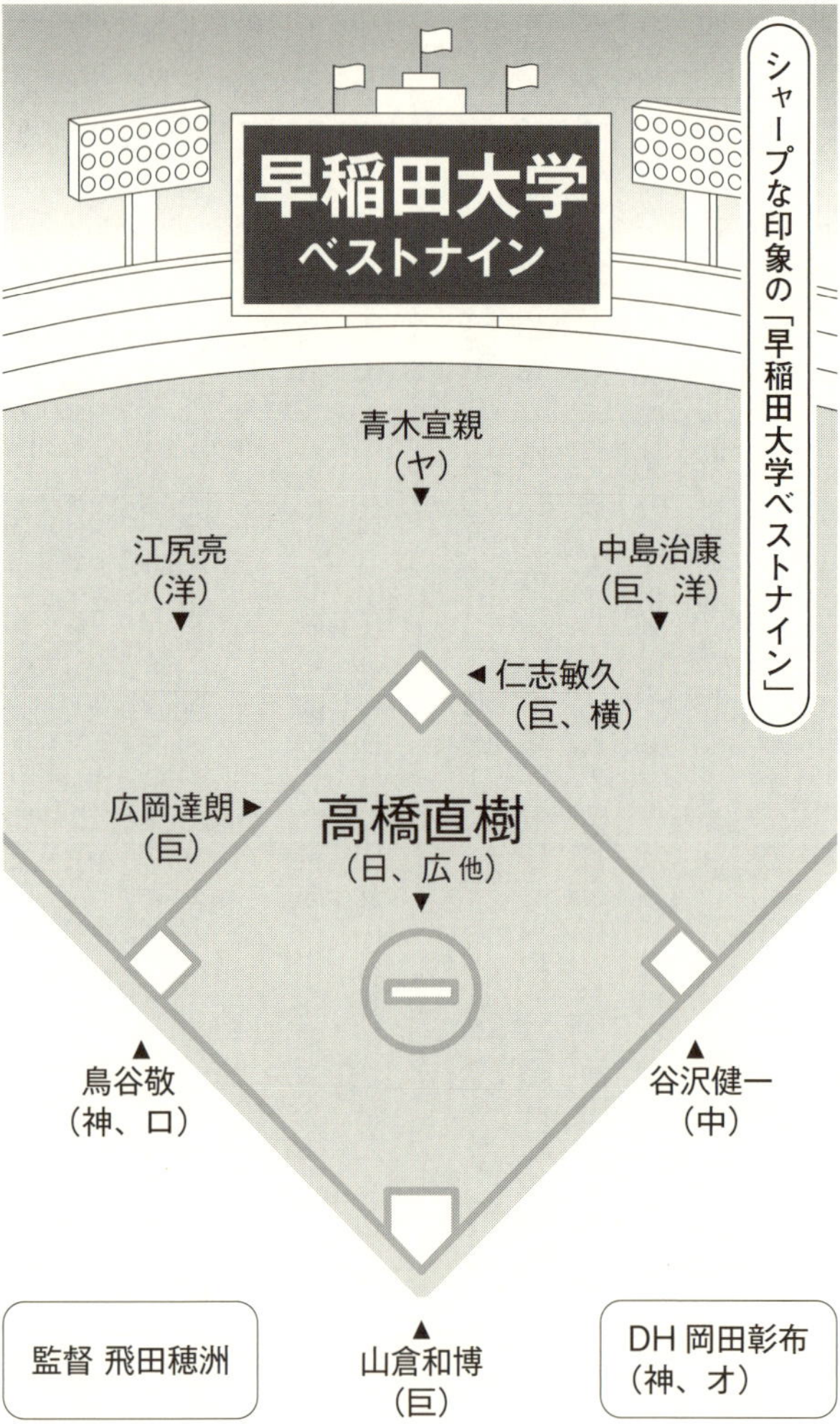
シャープな印象の「早稲田大学ベストナイン」
早稲田大学
ベストナイン
青木宣親
（ヤ）
江尻亮
（洋）
中島治康
（巨、洋）
仁志敏久
（巨、横）
広岡達朗
（巨）
高橋直樹
（日、広 他）
鳥谷敬
（神、ロ）
谷沢健一
（中）
監督 飛田穂洲
山倉和博
（巨）
DH 岡田彰布
（神、オ）

	投手	登	勝	敗	S	H	回	率	所属
先	高橋直樹	493	169	158	13		2872.2	3.32	日ハム-広島-西武-巨人
先	和田毅	334	160	89	0	3	2099.2	3.18	ソフトバンク
先	小宮山悟	455	117	141	4	7	2293	3.71	ロッテ-横浜-ロッテ
先	安田猛	358	93	80	17		1508.1	3.26	ヤクルト
先	有原航平	172	84	62	2	1	1139.1	3.37	日ハム－SB
先	藤井秀悟	284	83	81	0	2	1463.1	3.77	ヤ-日ハム-巨人-DeNA
先	小島和哉	128	45	44	0	0	778.2	3.58	ロッテ
救	高梨雄平	428	15	12	4	158	324	2.47	楽天－巨人
救	大谷智久	340	20	34	0	120	515.1	3.67	ロッテ
救	越智大祐	240	18	13	15	66	242	3.05	巨人
救	須田幸太	166	16	19	1	37	309	4.81	横浜・DeNA
救	三澤興一	296	28	18	6	0	445	3.98	巨人-近鉄-巨人-ヤ
救	八木沢荘六	394	71	66	8		1200	3.32	ロッテ
先	大竹耕太郎	80	33	18	0	1	457.2	3.15	SB－阪神
先	早川隆久	85	31	29	0	0	512	3.34	楽天

順	守	選手	安	本	盗	率	所属
1	中	青木宣親	1956	145	177	0.313	ヤクルト
2	三	鳥谷敬	2099	138	131	0.278	阪神－ロッテ
3	指	岡田彰布	1520	247	76	0.277	阪神－オリックス
4	一	谷沢健一	2062	273	42	0.302	中日
5	右	中島治康	889	57	103	0.270	巨人－大洋
6	二	仁志敏久	1591	154	135	0.268	巨人－横浜
7	左	江尻亮	1249	116	82	0.271	大洋
8	遊	広岡達朗	1081	117	115	0.240	巨人
9	捕	山倉和博	832	113	27	0.231	巨人
	二	近藤昭仁	1183	65	148	0.243	大洋
	内	水口栄二	1213	53	43	0.269	近鉄－オリックス
	内	中村奨吾	1047	89	108	0.249	ロッテ
	二	田中浩康	1018	31	33	0.266	ヤクルト－DeNA
	外	森徹	971	189	56	0.251	中日－大洋－東京
	三	徳武定祐	903	91	35	0.259	国鉄－中日
	外	松本匡史	902	29	342	0.278	巨人
	内	石井浩郎	894	162	7	0.289	近鉄-巨人-ロッテ-横浜
	二	蔭山和夫	881	53	214	0.264	南海
	外	笠原和夫	746	27	68	0.286	南海－高橋

早稲田（当時東京専門学校）が慶應義塾に挑戦状をたたきつけたことから、日本の大学野球は始まっている。それだけにベストナインは歴史を感じさせる顔ぶれになっている。初代の監督は「一球入魂」で知られた飛田穂洲だ。「学生野球の父」と呼ばれた。

1番にはこのほど引退を表明した青木。MLBでもコンスタントに.280をマークした。2番は青木の大学同期で阪神の花形ショートだった鳥谷。ただ遊撃には広岡達朗がいる。ここは晩年のポジションで三塁とした。実は早稲田はポジション被りがやたら多いのだ。特に二塁手。岡田彰布、仁志敏久、近藤昭仁、田中浩康、さらに南海監督に就任直後に非業の死を遂げた蔭山和夫も。ここは仁志を二塁とし、岡田はDHにした。「なんでDHやねん、俺、守備下手違うよ。おーん」と言われそうだが、ここはこらえてつかあさい。4番は張本勲との競り合いに勝って首位打者になった谷沢健一。そして5番には、日本プロ野球初の三冠王、中島治康を外すわけにはいかない。6番二塁で仁志。7番左翼で江尻。この選手は大学時代はエース、大洋で外野に転向した。8番遊撃で広岡達朗。90歳をとっくに過ぎて、今も盛んにコメントしている。9番は巨人の正捕手、江川卓の相方の山倉。控えも2年目で本塁打王になった森徹、盗塁王の松本匡史など選手層は分厚い。

早稲田の投手陣は、黙々とマウンドに上がり、勝利を積み重ねていった投手が多い。そういう顔ぶれの中から最多勝の高橋直樹を一番手とした。眼鏡、スリークオーターのゆったりしたフォームが目に浮かぶ。続いてこの度引退を表明した左腕和田、現早稲田大監督の小宮山悟、さらに技巧派左腕の安田、現役の有原、小さな体でヤクルト、日ハムなどで活躍した左腕の藤井、ロッテのイニングイーター小島と続く。早稲田の先発陣には知的で理性的な共通の「色」のようなものを感じる。

救援も、自己主張が強いタイプがいない。現役、左腕高梨は中継ぎとして黙々と投げるタイプ。大谷はロッテの救援、スキンヘッドで「翔平じゃない方」みたいな言われ方をした。越智は巨人のしぶとい救援投手だが難病黄色靱帯骨化症で引退。DeNAの中継ぎだった須田に続いて三澤は巨人、近鉄でロングリリーフで活躍。八木沢荘六は作新学院出身、完全試合を記録した先発だが救援登板の方が多かった。早稲田も選手層が厚いので、現役の先発投手の大竹、早川を末尾に加える。この2人も左腕。早稲田には左腕の好投手が多い。

監督候補はたくさんいる。今の早稲田大監督の小宮山悟、ヤクルト、西武の名将広岡、「ARE」で沸かせた岡田彰布、悩ましいが、原点回帰で初代監督の飛田穂洲とする。

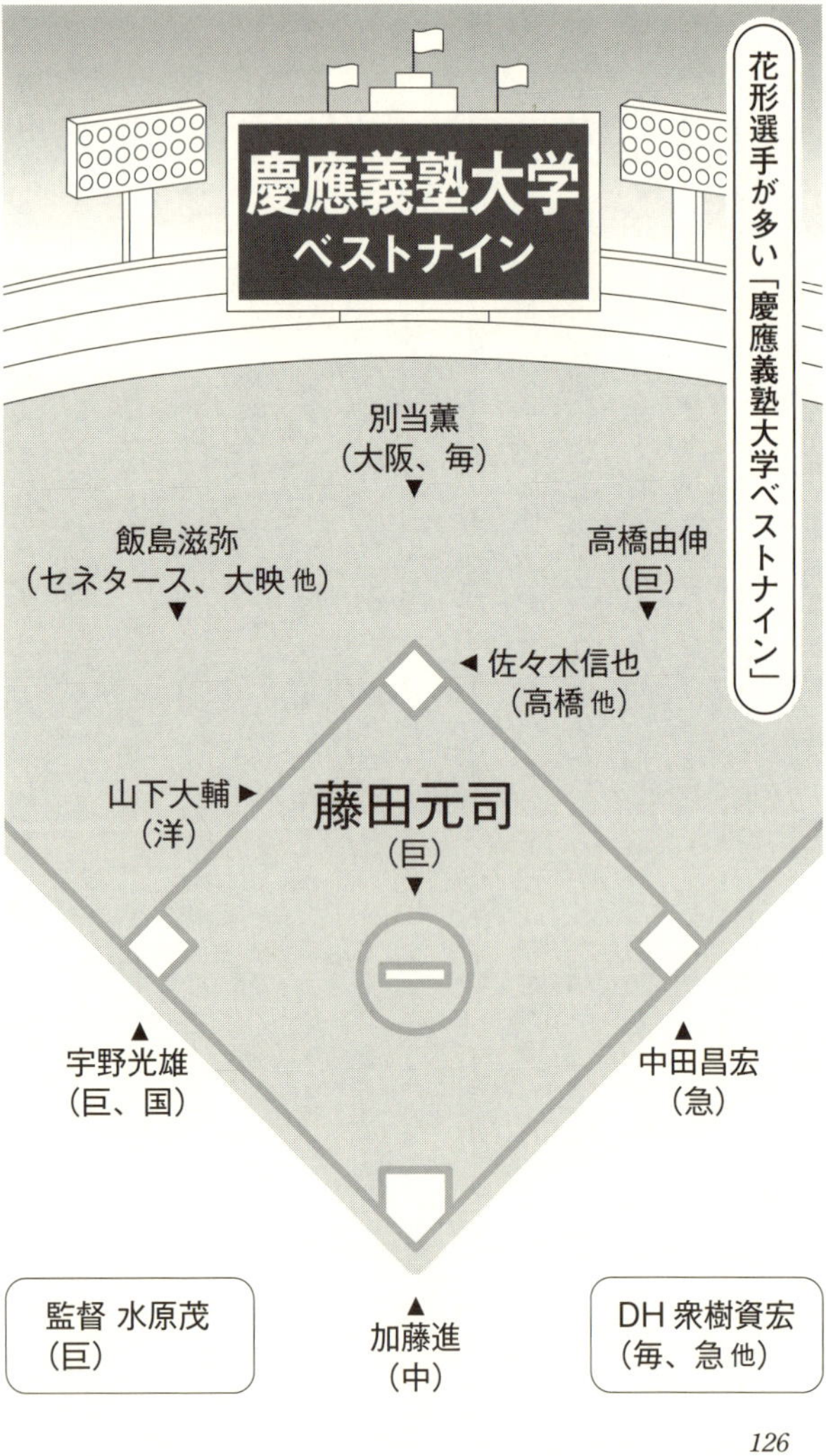
花形選手が多い「慶應義塾大学ベストナイン」
慶應義塾大学
ベストナイン
別当薫
（大阪、毎）
飯島滋弥
（セネタース、大映 他）
高橋由伸
（巨）
佐々木信也
（高橋 他）
山下大輔
（洋）
藤田元司
（巨）
宇野光雄
（巨、国）
中田昌宏
（急）
監督 水原茂
（巨）
加藤進
（中）
DH 衆樹資宏
（毎、急 他）

	投手	登	勝	敗	S	H	回	率	所属
先	藤田元司	364	119	88			1701	2.20	巨人
先	白木義一郎	242	97	98			1725	2.83	東急－阪急
先	池田善蔵	195	46	68			1021.2	3.72	太陽－大映－阪急
先	渡辺泰輔	221	54	58			987.2	3.35	南海
先	大島信雄	162	64	41			884.1	2.82	松竹－中日
救	長田秀一郎	389	25	25	2	85	420	4.14	西武－DeNA
救	巽一	351	40	66			1072	3.69	国鉄・ヤクルト
救	山本省吾	287	40	42	2	11	743.1	4.41	近鉄－オリ－DeNA－SB
救	福谷浩司	278	27	33	38	54	523	4.04	中日－日ハム
救	藤原真	196	23	48	3		577	4.21	ヤクルト－日ハム
救	佐藤元彦	179	30	35			592.1	3.86	ロッテ－大洋
救	高松利夫	177	42	60			813.1	3.66	大映
救	木澤尚文	166	14	9	5	44	176.1	2.91	ヤクルト
救	矢崎拓也	149	8	6	25	37	177.2	3.65	広島
救	高橋栄一郎	143	14	17			382.2	3.99	巨人－南海
救	小桧山雅仁	122	9	14	4		249.1	4.30	横浜
救	白村明弘	109	6	5	2	15	130.2	3.10	日ハム
救	鈴木哲	84	7	13	1		215.2	4.01	西武－広島－西武

順	守	選手	安	本	盗	率	所属
1	遊	山下大輔	1378	129	95	0.262	大洋
2	三	宇野光雄	604	30	73	0.280	巨人－国鉄
3	右	高橋由伸	1753	321	29	0.291	巨人
4	中	別当薫	965	155	186	0.302	大阪－毎日
5	一	中田昌宏	985	154	45	0.235	阪急
6	左	飯島滋弥	901	115	48	0.282	セネ－大映－南海
8	指	衆樹資宏	772	51	81	0.250	毎日－阪急－南海
8	二	佐々木信也	424	13	86	0.265	高橋－大映－大毎
9	捕	加藤進	167	7	24	0.217	中日
	内	河内卓司	604	11	72	0.268	毎日－高橋
	一	髙木大成	599	56	67	0.263	西武
	三	水原茂	476	12	69	0.243	巨人
	内	安藤統男	457	33	56	0.221	阪神
	外	山下好一	442	7	68	0.249	阪急
	内	広野功	440	78	8	0.239	中日－西鉄－巨人－中日
	外	花井悠	358	10	17	0.256	西鉄
	捕	大橋勲	168	8	0	0.206	巨人－大洋
	内	横沢七郎	263	0	24	0.180	セネタース－東急
	一	山下実	208	19	20	0.261	阪急－名古屋
	一	宮武三郎	131	9	5	0.258	阪急

慶應義塾は入試では厳しいところを見せ、江川卓を不合格にしたのはよく知られている。最近は慶應義塾高、慶應義塾大の選手の活躍が目立つが、その背景には「入試が難しすぎて野球強豪校の選手がなかなか合格できない」ことがあると言う。

しかし、顔ぶれは豪華だ。1番は六大学の花形遊撃手だった山下大輔。2番は巨人から国鉄に移籍した三塁手の宇野。国鉄の監督も務めた。3番は巨人のスラッガー、高橋由伸、彼にはＭＬＢに行ってほしかった。4番は戦後阪神の中軸で、甲陽中学時代に甲子園で大活躍した別当薫。ダンディな選手で、作家の佐藤愛子は女学校時代、別当の追っかけをしたと言う。中田昌宏《よしひろ》は、弱い時代の阪急の中軸。本塁打王1回。飯島滋弥は1試合2満塁本塁打、1試合11打点、1イニング7打点のＮＰＢ記録を持っている。引退後、東映のコーチになり大杉勝男に「月に向かって打て」と指導した。衆樹資宏は、シーズン開幕戦先頭打者初球本塁打を記録した（のちに後輩の高橋由伸も2007年に記録）。佐々木信也は湘南高で衆樹の1年先輩。慶應の花形二塁手だったが、弱小の高橋（トンボ）ユニオンズに入団。1年目からフル出場し、新人の最多安打記録を持っている。引退後は「プロ野球ニュース」キャスターとして一世を風靡した。慶應義塾は捕手がやや手薄なのだが、ここは中日では控え捕手ながら、理論派で、ＮＨＫの名解説者としても知られた加藤進にしたい。控えでは水原茂、山下好一、山下実、宮武三郎とプロ野球草創期のスター選手を載せた。

投手陣、先発は巨人のエースとして太く短く活躍した藤田元司、白木は軟投派投手で引退後は親戚の創価学会池田大作会長のもと、公明党の参議院議員になった。池田善蔵は終戦直後太陽、大映、阪急などで投げたが、超荒れ球でキャリアでは384奪三振578与四球だった。渡辺は慶應義塾高時代甲子園で、1960年代には南海で活躍。大島は1950年、松竹がセの初代チャンピオンになったときのエース。引退後は少年野球向けの解説書を執筆。『野球スコアーブックのつけ方』は筆者の愛読書の一つだ。

救援では長田は松坂世代の救援投手。巽は巨人Ｖ９時代の国鉄の中継ぎ投手。山本は近鉄、オリックスで活躍した救援左腕。現役の福谷は2024年オフ、ＦＡで日本ハムに移籍した。藤原は1968年ヤクルトにドラフト1位で入団。当初は先発だったがのち救援投手になる。現役の木澤は、慶應義塾高出身、ヤクルトでは中継ぎとして3年連続50試合に登板。こちらも現役の矢崎は旧姓加藤。同じく慶應義塾高出身で、一時広島のクローザーをつとめた。

監督経験者は多士済々ではあるが、巨人の名将、水原茂に託したい。

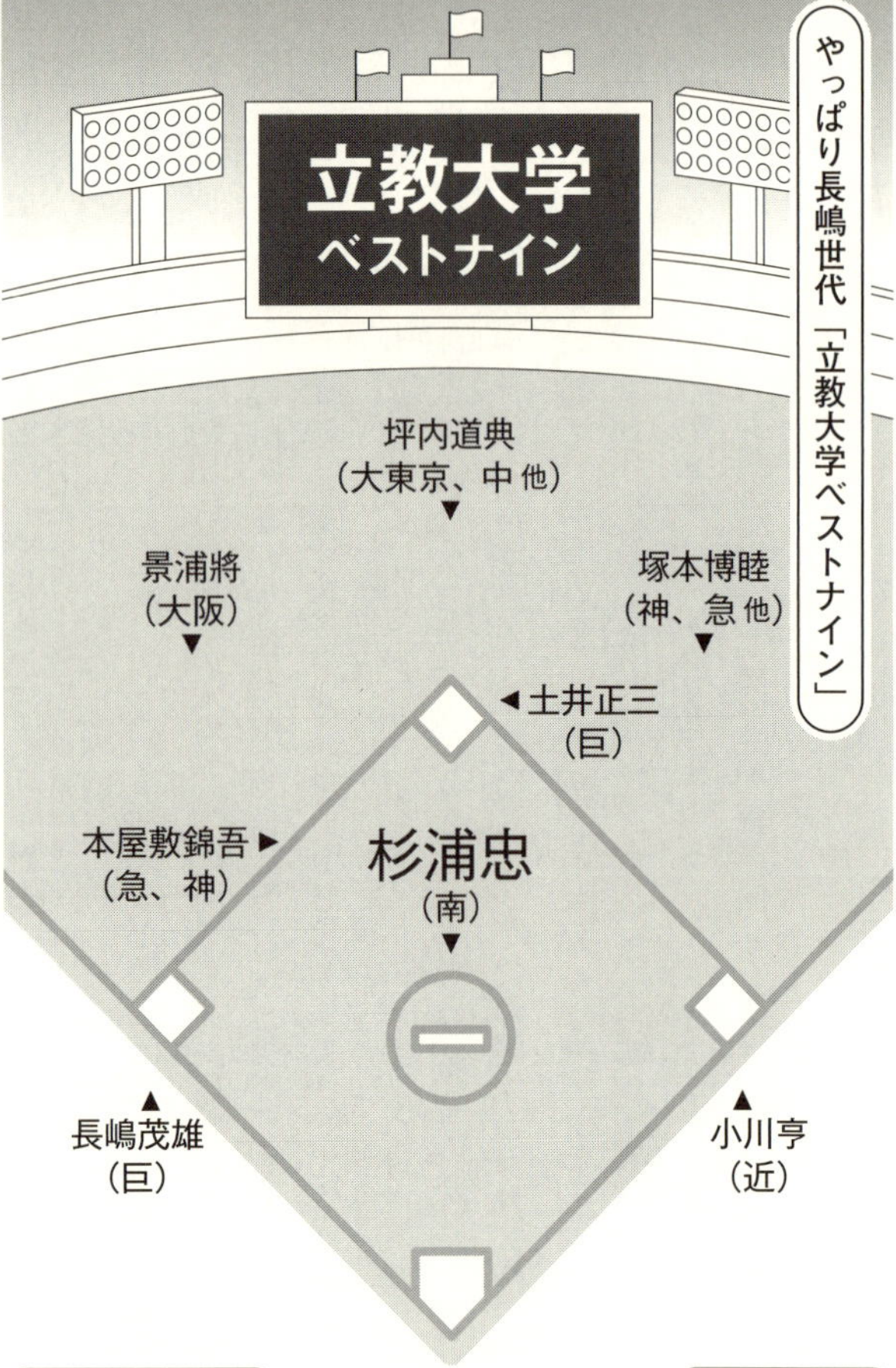
立教大学
ベストナイン
やっぱり長嶋世代「立教大学ベストナイン」
坪内道典
（大東京、中 他）
景浦將
（大阪）
塚本博睦
（神、急 他）
土井正三
（巨）
本屋敷錦吾
（急、神）
杉浦忠
（南）
長嶋茂雄
（巨）
小川亨
（近）
監督 長嶋茂雄
（巨）選手兼任
岡村浩二
（急、日）
DH 森本潔
（急、中）

	投手	登	勝	敗	S	H	回	率	所属
先	杉浦忠	577	187	106			2413.1	2.39	南海
先	稲川誠	304	83	70			1343.2	2.78	大洋
先	川村丈夫	368	71	64	4	60	1115.1	3.72	横浜
先	堀本律雄	201	63	59			917.1	2.82	巨人－大毎
先	景浦將	56	27	9			274.1	1.57	大阪
救	広池浩司	248	9	12	1	25	268	5.47	広島
救	森滝義巳	204	16	46			615.2	3.46	国鉄
救	澤田圭佑	164	11	7	2	45	160.1	3.26	オリックス－ロッテ
救	小林太志	128	13	23	1	1	388.1	4.47	横浜
救	石川陽造	124	24	24			492	2.65	東映
救	太田紘一	114	3	7			157	2.98	阪神
救	戸村健次	107	17	25	0	1	378.1	4.35	楽天
救	田村伊知郎	130	4	1	2	7	155	3.77	西武
投	五井孝蔵	95	17	31			468.2	4.11	近鉄
投	多田野数人	80	18	20	0	2	333.1	4.43	日ハム
投	拝藤宣雄	70	12	7			241.1	2.42	広島

順	守	選手	安	本	盗	率	所属
1	中	坪内道典	1472	34	344	0.262	大東京－金星－中日
2	二	土井正三	1275	65	135	0.263	巨人
3	一	小川亨	1634	162	141	0.284	近鉄
4	三	長嶋茂雄	2471	444	190	0.305	巨人
5	左	景浦將	307	25	28	0.271	大阪
6	指	森本潔	1122	146	63	0.248	阪急－中日
7	捕	岡村浩二	848	85	14	0.224	阪急－日ハム
8	右	塚本博睦	712	17	170	0.252	神－急－東－西日－西－広
9	遊	本屋敷錦吾	785	13	154	0.227	阪急－阪神
	左	矢頭高雄	852	61	73	0.248	大映－大毎
	内	青野修三	785	45	31	0.260	東映－南海－ロッテ
	捕	種茂雅之	736	29	21	0.243	東映－阪急
	内	丸山完二	733	34	61	0.234	国鉄－ヤクルト
	内	山口富士雄	724	30	104	0.226	阪急－大洋
	捕	村上公康	523	58	8	0.239	西鉄－ロッテ
	内	清原初男	521	14	41	0.239	金星－東急－西日本－西鉄
	外	大沢啓二	501	17	38	0.241	南海－東京
	外	服部敏和	501	27	80	0.243	近鉄－日ハム
	外	永利勇吉	450	59	36	0.247	阪急－西日本－西鉄

東京六大学の通算優勝数では、明治、法政、早稲田、慶應に後れを取る立教ではあるが、1909年創部の老舗だ。

1番の坪内は日本プロ野球で最初に1000試合、1000本安打を記録。リードオフマンとして活躍。2番土井はV9巨人の2番打者。小技の名手。小川亨は左打ちの近鉄の中軸打者。柔和な笑顔が印象的で、あだ名は「モーやん」。4番は文句なしに長嶋茂雄。そして5番には戦前、投打で活躍し戦火に散った景浦將。6番は阪急の渋い三塁手で、髭、長髪、サングラスが強烈だった個性派の森本。7番は勝負強い打撃でも鳴らした岡村。阪急の正捕手だったが1972年に同じ立教出の東映の正捕手種茂雅之とトレードされた。8番右翼塚本は戦前は阪神、戦後は5球団を渡り歩いた外野手。そして9番には立教時代、長嶋茂雄と三遊間コンビを組んだ本屋敷。

控えでは、矢頭は大映、大毎で活躍したシャープな外野手。青野は東映時代はバントの名手、南海に移籍してからは代打で活躍した。大沢親分こと大沢啓二は、長嶋茂雄を南海に入団させようとして失敗。本人は外野守備の名手だった。日本ハムの監督。ニュース番組で張本勲と組んだ「喝！」は日曜朝のお馴染みだった。

投手陣では、エースは何と言っても杉浦忠。大学時代は長嶋茂雄と共に立教の黄金時代を創出。南海のサブマリンのエースとして１９５９年は38勝４敗という空前の成績をあげ、長嶋のいる巨人を日本シリーズで下し南海初の日本一に貢献。のち南海の監督。稲川誠は１９６３年に大洋で球団最多記録の26勝を記録した右腕。川村は１９９０年代横浜の技巧派先発。制球力の良い投手だった。堀本律雄は、長嶋の１学年先輩。日通浦和を経て巨人へ、１年目の１９６０年にいきなり29勝を挙げた。先発の最後に景浦將を入れておきたい。選手数が少ない時代、投手としても一線級で、１９３６年秋に0.79で最優秀防御率。彼も二刀流だった。重ね重ね戦没は惜しまれる。

立教大は、レギュラー陣では明治、法政、早稲田、慶應義塾に引けを取らないが、控え野手や救援投手の層の薄さは否めない。なかでも現役の澤田は、大阪桐蔭高時代は藤浪晋太郎に続く2番手投手だったが、オリックスでは中継ぎで活躍。今はロッテに在籍している。石川陽造は、１９６３年先発23試合、救援42試合に投げ16勝を挙げた。

監督は、長嶋茂雄の師匠で国鉄の監督をした砂押邦信という線もあるかもしれないが、うーん、どうでしょう、やはりミスターではないかと思いますが？　大沢親分はいわゆるひとつのヘッドコーチと言うことで。

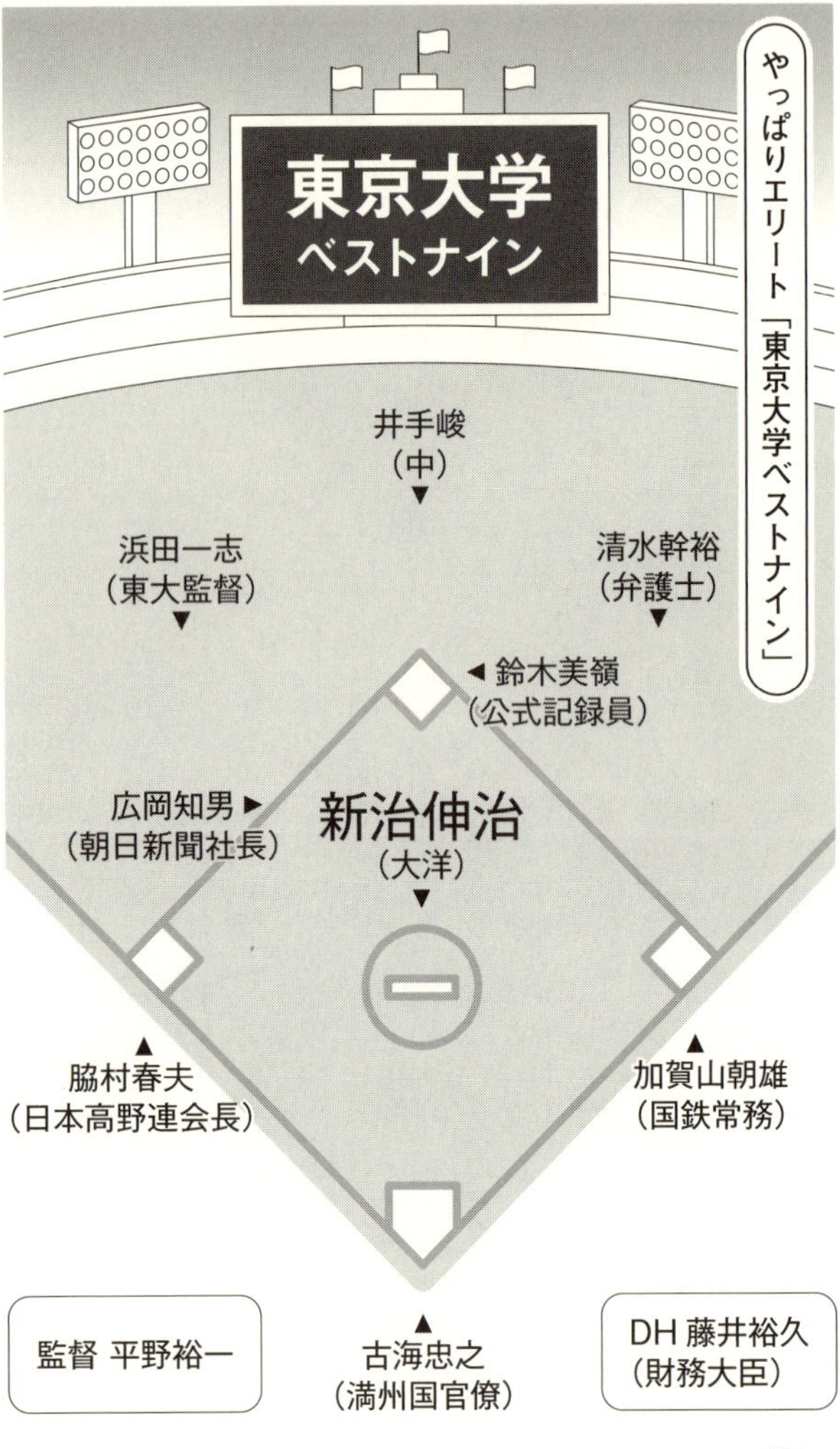
東京大学
ベストナイン
やっぱりエリート「東京大学ベストナイン」
井手峻
（中）
浜田一志
（東大監督）
清水幹裕
（弁護士）
鈴木美嶺
（公式記録員）
広岡知男
（朝日新聞社長）
新治伸治
（大洋）
脇村春夫
（日本高野連会長）
加賀山朝雄
（国鉄常務）
監督 平野裕一
古海忠之
（満州国官僚）
DH 藤井裕久
（財務大臣）

	投手	登	勝	敗	S	H	回	率	所属
投	新治伸治	88	9	6			156.1	3.29	大洋
投	松家卓弘	14	0	1	0	0	22	4.50	横浜－日ハム
投	井手峻	17	1	4			33.1	5.18	中日
投	宮台康平	3	0	0	0	0	7	9.00	日ハム-ヤクルト
投	遠藤良平	1	0	0	0		0	－	日ハム
投	小林至								ロッテ
投	内村祐之	NPB コミッショナー							
投	大越健介	NHK キャスター							
投	岡村甫	東大名誉教授　東京六大学 17 勝							
投	東武雄	東大名投手三羽烏　戦病死							
投	由谷敬吉	東大名投手三羽烏　戦死							
投	梶原英夫	東大名投手三羽烏　戦病死							
投	竹本恵	東京六大学初の日本人女子投手							
投	清水健太郎	東大医学部教授、東京六大学野球連盟理事長							

順	守	選手	安	本	盗	率	所属
1	二	鈴木美嶺	公式記録員				
2	三	脇村春夫	日本高野連会長				
3	中	井手峻	12	1	4	0.188	中日
4	一	加賀山朝雄	東京六大学３本塁打　国鉄常務				
5	右	清水幹裕	弁護士				
6	左	浜田一志	東大監督				
7	指	藤井裕久	財務大臣				
8	遊	広岡知男	朝日新聞社長				
9	捕	古海忠之	満州国官僚				
	外	梶原英夫	戦病死				
	遊	坂本光一	作家				

なにせ一軍でプレーした選手が6人しかいないが、日本野球史に名を残した野球人、さらには「意外な顔ぶれ」もいる。打線では、鈴木は戦前内野手として活躍したのち毎日新聞に入社。その傍ら東京六大学野球連盟規則委員となりプロアマ統一の「公認野球規則」を発行した。脇村は美智子上皇后の従兄。湘南高校で甲子園出場。東大でも三塁手として活躍。第5代日本高野連会長。井出は、脚本家井出俊郎の息子。66年二次ドラフト3位で投手として中日へ。のち外野に転向。前東大監督。加賀山は東大屈指の強打者。49年春秋に3本塁打。国鉄では「いい日旅立ち」キャンペーンを推進。清水は外野手として活躍。弁護士の傍ら審判としても活躍。

浜田は東大元監督。父兄に「野球をやれば頭がよくなって東大に行けます」と言っていた。藤井は東大時代は脇村のチームメイト、捕手として活躍。鳩山政権などで財務大臣などを歴任。広岡は内野手。朝日新聞社長として甲子園の開会式で球児に訓示した。古海は戦前の東京帝大の捕手。満州国官僚。梶原は投手、外野手兼任。東、由谷とともに東大名投手三羽烏と言われたが、応召して3人とも帰らぬ人となった。坂本は名遊撃手と言われた。作家として野球ミステリー『白色の残像』などを書く。

投手陣。新治《にいはり》伸治は、65年東大初のプロ野球選手として大洋に。1年目に5勝。松家《まつか》卓弘は2004年ドラフト9位で横浜に。日ハムに移籍したが無勝利。今は高校教師。井出は投手としても1勝している。宮台は当時の浜田一志監督によれば「東大史上最高の投手」。しかし怪我で引退、今は弁護士を目指している。遠藤は99年7位で日ハムに。しかしプロでは1試合登板に終わる。今はフロント入り。小林は91年ドラフト8位でロッテに。しかし一軍登板機会なし。引退後はソフトバンク役員として活躍。今は桜美林大教授。

内村は内村鑑三の子、左腕エースとして活躍後、東大医学部教授。62年プロ野球コミッショナーに。大越健介は東大時代サイドスローのエース、8勝27敗。大学日本代表にも選ばれる。NHKキャスターとして活躍後テレビ朝日キャスターに。岡村は東大時代アンダースローで17勝。工学博士。東大名誉教授。野手でも述べた通り、東、由谷、梶原は戦前に活躍した名投手三羽烏。竹本恵は東京六大学史上初の日本人女子投手。左のアンダースローで4試合に登板した。清水健太郎は戦前の東大捕手、東武雄の球を受けた。日本の脳神経外科の開祖。東京六大学野球連盟理事長。巨人投手だった馬場正平(ジャイアント馬場)の脳下垂体腫瘍除去手術の執刀医となる。監督候補は多いが、1981年、早稲田に完封勝利するなど「赤門旋風」を巻き起こした当時の平野裕一とする。

コラム・ワンポイントリリーフ②

あと一つ、走ってもらいたかった！

引き続き盗塁の話。こちらは走る方の数字である。

盗塁成功率とは「盗塁数÷盗塁企図数（盗塁数＋盗塁死）」の数字。ＮＰＢの公式記録にはこの数字は紹介されていない。

ただ一般的には「２００盗塁以上」の選手でランキングすることが多い。

現時点での盗塁成功率５傑を左頁の表に示した。統計に基づく野球のデータ分析、セイバーメトリクスによれば、盗塁は成功するメリットよりも盗塁死のダメージの方が大きい。つまり成功率が高くない選手は走らない方がいい。盗塁成功率は長らく南海の盗塁王、広瀬がダントツの１位だったが、セイバーメトリクスの浸透とともに、西川、鈴木尚、荻野、松井稼と現役や最近の選手がこのランキングの上位を占めるようになった。

そういうことなのだが、実はものすごく惜しい選手がいるのだ。イチローだ。ＮＰＢ時代のイチローは１９９盗塁。あと一つ走っていたら、このランキングに載

位	選手	盗塁	盗塁死	盗塁成功率
1	西川遥輝	342	66	0.838
2	鈴木尚広	228	47	0.829
3	広瀬叔功	596	123	0.829
4	荻野貴司	260	55	0.825
5	松井稼頭央	363	80	0.819

位	選手	盗塁	盗塁死	盗塁成功率
	イチロー	199	33	0.858
1	西川遥輝	342	66	0.838
2	鈴木尚広	228	47	0.829
3	広瀬叔功	596	123	0.829
4	荻野貴司	260	55	0.825
5	松井稼頭央	363	80	0.819

った。イチローは俊足だけでなく、盗塁の技術も抜群だったのだ。

イチローの盗塁成功率はダントツの.858。繰り返しになるが、あと一つ走っていたら西川を上回ってこのランキングの1位になっていたのだ。大きな記録ではないが、イチローのすごさを表す記録がまた一つ増えていたはずなのだが……。

なお、イチローのMLBでの盗塁成功率は.813（509盗塁117盗塁死）、これは500盗塁以上では史上4位の高率。韋駄天ぶりはMLBでも健在だったのだ。

第3章　守備記録の面白さ

プロ野球の記録と言えば「打撃」と「投球」に注目が集まりがちだ。守備記録は「未開拓」な部分が多いが、プロ野球選手は指名打者以外は、すべて「野手」でもあり、守備の記録もついてくる。守備に注目すると、よく知っているはずの選手の「違う一面」が見えてくるのだ。

さらに言えば「守備」は野球選手の「センス」が最も現れる部分でもある。DH専任の大谷翔平がNPB時代、外野守備で素晴らしいパフォーマンスを見せたことを思い出す。「未開の大地」守備記録について、お付き合いいただきたい。

守備記録はデータ的に未整備の部分が多い。最近はセイバー系のデータも出てきてはいるが、数字をどう読み解くか、で新しい発見もあるのだ。

なお、NPBの公式サイトの個人記録の守備成績欄にあるのは、

試合　そのポジションでの出場試合数
刺殺　フライを捕ったり、走者にタッチしてアウトにするなど直接アウトにした回数
捕殺　ゴロを塁に送球するなど、間接的にアウトにした回数
失策　エラーした回数
併殺　ダブルプレーに参加した回数
守備率　（刺殺数＋補殺数）÷（刺殺数＋補殺数＋失策数）

の6項目だけ。捕手はこれに、

捕逸　パスボールをした回数
盗塁阻止率　盗塁を企図した走者をアウトにした率

がつくが、打撃成績が21項目、投手成績が23項目あるのと比べても、非常に少ない。

それだけに「守備記録」には、分析、解釈が必要となるのだ。

3－1　守備記録「今と昔」

1936年の草創期と比べれば、プロ野球のレベルは飛躍的に上がっているが、それでも数字を見れば、防御率1点台は今も昔も「好投手の数字」だし、打率3割は「巧打者の数字」だ。

しかし守備に関しては、今と昔では「数字そのもの」が大きく変わってしまっている。

遊撃守備の記録

例えば守備率。野球で最も守備機会が多いのは遊撃手だが、シーズンで90試合以上遊撃のポジションを守った選手の守備率のワースト10（次頁上）とベスト10（同下）を出すとこうなる。

最も守備率が低かったのは1939年、セネタースの柳鶴震《やなぎつるじ》、桐生中学からこの年プロ入りした20歳の遊撃手。セネタースは翌年「翼」とチーム名を改めるが、柳は引き続

年度	選手	球団	試合	刺殺	補殺	失策	併殺	守備率
1939	柳鶴震	セネタース	96	125	273	66	34	0.8578
1940	柳鶴震	翼	103	174	286	75	37	0.8598
1947	鈴木清一	東急	101	177	338	59	57	0.8972
1950	山川喜作	巨人	95	151	230	43	47	0.8986
1950	西江一郎	大阪	136	196	465	71	80	0.9030
1940	白石敏男	巨人	104	152	309	49	56	0.9039
1951	中村栄	国鉄	105	157	271	45	43	0.9049
1940	濃人渉	金鯱	100	189	313	50	43	0.9094
1940	村瀬一三	名古屋	104	183	376	54	78	0.9119
1939	白石敏男	巨人	95	172	268	42	56	0.9129

年度	選手	球団	試合	刺殺	補殺	失策	併殺	守備率
1997	鳥越裕介	中日	109	132	214	1	56	0.9971
2003	井端弘和	中日	104	150	319	2	62	0.9958
2005	宮本慎也	ヤクルト	135	211	447	3	85	0.9955
2008	金子誠	日本ハム	96	142	287	2	54	0.9954
2006	井端弘和	中日	146	242	475	4	77	0.9945
2013	鳥谷敬	阪神	144	213	476	4	98	0.9942
2004	井端弘和	中日	138	213	472	4	90	0.9942
1991	池山隆寛	ヤクルト	132	270	412	4	101	0.9942
1987	岡崎郁	巨人	101	99	235	2	42	0.9940
2012	井端弘和	中日	140	186	450	4	94	0.9938

きショートを守るもNPBワースト記録の75失策を記録。守備率8割台は10回に1回以上エラーをしていたことになる。柳はのちに大塚鶴雄と改名、南海に移籍するが、鶴岡一人が監督に就任した際に、南海が八百長を仕組んでいたことを白状した。鶴岡監督は、彼の証言をもとにベテラン選手を放出するなどチーム内を大粛清した。この話を考えるならば、柳の失策の中には「故意」のものが含まれていたかもしれない。ともあれ守備率ワーストの記録は草創期から1950年代のもの。グラブも粗

悪で、グラウンドも未整備だった時代の記録だ。白石敏男は巨人草創期の名遊撃手と言われたが、守備率は9割そこそこだった。

対照的にベスト10では20世紀末から21世紀以降の記録がずらっと並ぶ。いまどきの遊撃手は、守備率が.990、つまり100回守って1回エラーするかどうかになっている。1997年の中日、鳥越は109試合遊撃を守って失策はわずか1個。驚異的だった。また井端が4回も出てくるのにも注目。後段でふれる通り「アライバ」は史上最高の二遊間だった。

10傑中9つがセ・リーグだ。指名打者制ができて以降、パ・リーグでは三振をどんどん奪う「パワーピッチャー」が数多く登場したが、セ・リーグは「打たせて取る」投手が主流だった。セの野手の方が、より高いゴロの処理能力を求められたと言うことではないか。

昔と今の遊撃手は「別物」と言ってよい。今のグラブは選手の手の形や守備のスタイルに合わせてオーダーメイドで作られている。また、人工芝のグラウンドが多くなり、イレギュラーは格段に減っている。それもあってのこの守備率だが、NPBの内野手がMLBで通用しないのは「良好過ぎるグラウンドコンディション」にも一因があるとされる。ＭＬＢでは未だに天然芝のグラウンドが主流で、ＮＰＢの内野手にはハードルが高くなっているのだ。

昔の野球指導者は「腰を落としてゴロを正面で捕れ」と言うが、それは粗悪なグラブ、未整備なグラウンド時代の守備だ。今はシングルキャッチ、ジャンピングスローも当たり前になっている。プロ野球が始まって89年、守備の概念は大きく変わりつつあるのだ。

３－２　外野守備は「何」を見るか

外野守備は、内野手ほど失策数、守備率の変化はない。外野手の場合「守備範囲」と「補殺」が、ポイントになる。

より多くのフライを処理する外野手のチームへの貢献度は当然ながら高い。走力とフライを捕る守備力が求められる。また外野手の「補殺」は、フライ、ゴロを捕って進塁しようとする走者を阻止する能力。強肩の指標だ。

あまり騒がれなかったが、２０２４年、大記録が生まれた。楽天の辰己涼介が実に76年ぶりにシーズン刺殺数の記録を更新したのだ。外野手のシーズン刺殺数ベスト10

年度	選手	球団	試合	刺殺	補殺	失策	併殺	守備率	PO/G	守備位置
2024	辰己涼介	楽天	143	397	5	2	1	0.995	2.78	中堅
1948	青田昇	巨人	140	391	11	6	5	0.985	2.79	中堅
1948	呉昌征	大阪	135	383	15	9	4	0.978	2.84	中堅
1947	坪内道則	金星	119	366	7	4	3	0.989	3.08	中堅
1948	古川清蔵	阪急	124	365	6	9	4	0.976	2.94	中堅
1949	坪内道典	中日	137	361	8	5	2	0.987	2.64	中堅
1948	金田正泰	大阪	133	358	13	9	5	0.976	2.69	左翼
1963	広瀬叔功	南海	144	353	12	3	6	0.992	2.45	中堅
2011	岡田幸文	ロッテ	144	351	8	0	1	1.000	2.44	中堅
1977	福本豊	阪急	130	351	7	7	6	0.981	2.70	中堅

（PO/Gは1試合当たりの刺殺数）を上の表に示す。

これまでの記録は、1948年、巨人の青田昇が記録した391だった。このランキングには1940年代の数字がずらっと並んでいる。当時の投手は奪三振率が現在よりも低く「打たせて取る」タイプが大部分だった。フライやゴロの数が相対的に今よりも多く、野手のフライ処理数が多かったと考えられる。

21世紀以降では、2011年ロッテの岡田が351で最多だった。ちなみにこの年の岡田は144試合フル出場して無失策。これも唯一の記録だ。

楽天の辰己は2023年にも史上13位にあたる347刺殺を記録していたが、2024年はそれを50も更新した。ゴールデン・グラブ賞の授賞式では全身金ぴかで登場するなど、とかく派手な言動で知られる辰己だが、本業の守備でも派手な記録を残したのだ。

年度	選手	球団	試合	刺殺	補殺	失策	併殺	守備率	守備位置
1950	平山菊二	大洋	140	298	24	8	4	0.976	左翼
1954	日下隆	近鉄	130	242	23	4	7	0.985	左翼
1950	原田徳光	中日	137	342	21	8	8	0.978	右翼
1955	平山智	広島	117	239	21	5	3	0.981	右翼
1989	平野謙	西武	98	196	21	1	2	0.995	右翼
1963	土井正博	近鉄	150	281	20	5	2	0.984	左翼
1956	荒川宗一	高橋	146	270	20	6	5	0.980	左翼
1981	J.タイロン	南海	122	255	20	12	3	0.958	右翼
1951	渡辺博之	大阪	98	204	20	1	6	0.996	右翼
1949	原田徳光	中日	135	335	19	6	6	0.983	右翼
2012	中田翔	日本ハム	138	245	19	3	9	0.989	左翼
1947	大下弘	東急	115	232	19	14	5	0.947	左翼
1939	平井猪三郎	南海	90	175	19	5	3	0.975	左翼

なお、外野刺殺数の記録は１９４８年の大阪、金田正泰を除きすべて「中堅手」の記録だ。中堅手は左翼手、右翼手よりも守備機会が圧倒的に多い。

外野手のシーズン補殺数ベスト10

外野手の補殺数も１９４０〜50年代が多い（上の表）。近年のプロ野球では、走者の進塁は一塁、三塁のコーチャーの判断で行われることが多い。次の塁を狙って無謀な走塁をすることが減っていることもあって捕殺数は減っている。

そんな中で、２０１２年の中田翔が19捕殺で10位タイに入っている。中田はスラッガーの印象が強いが、外野でも一塁でも堅実で判断力のある守備を見せている。

ただ攻撃側は、相手の外野手が強肩だとみると、進塁を自重することが多い。二けたの補殺数を何年も記録する外野手は少ない。しかし実際にアウトにしなくても進塁を「自重」させる「抑止力」になるのも優れた外野手だと言えよう。

イチローはオリックスでもマリナーズでも「レーザービーム」と呼ばれるすごい送球で走者を刺した。マリナーズの右翼はイチローの背番号にちなんで「エリア51」と呼ばれたが、捕殺数は2003年から3年連続二けた（12、12、10）を記録し、以後は減少した。「抑止力」になったのだ。

補殺数が多いのは左翼手、右翼手だ。NPBの公式記録では、外野手の守備記録は「中堅」「左翼」「右翼」の区別がないが、MLBの公式記録は3つのポジションを分けている。2つの外野守備記録を見てもわかるように、本来は3つのポジションを分けて記録を録るべきだろう。

3-3 「一番すごい二遊間」はどのコンビなのか?

二塁手と遊撃手の「二遊間コンビ」は、プロ野球守備の要であり、花形だ。二遊間で併殺を成功させたり、中継プレーで走者を刺したり。二遊間がしっかりしているチームは強いと言われるし、何よりアクロバティックなフィールディングは見ていて爽快だ。

各球団に、ファンを沸かせた「二遊間コンビ」がいる。しかし、同じ二塁手と遊撃手が長期にわたってコンビを組むのは、実は至難の業である。内野手と言うのはケガ、故障の多いポジションだ。選手間の競争も激しい。そんな中で複数年同一の野手でコンビを組むのは極めて難しい。

今回、両ポジションとも「90試合以上守った」選手同士を「二遊間コンビ」と規定して1936年の日本プロ野球創設以降の二遊間コンビを調べてみたのだが、通算で5年以上コンビを組んだのは、たったの13組しかなかった（次頁の表）。しかしこの13組の二遊間は、すべて「球史に残る」名コンビだと言える。

RF（Range Factor）は（刺殺数＋補殺数）÷試合数で導き出せる数字。野手の手数の多さ、守備範囲の広さを示す指標。

圧倒的な長さを誇るのが、中日の荒木・井端の「アライバコンビ」だ。このコンビが

年	球団	期間	守備	選手	試合	刺殺	補殺	失策	併殺	守備率	RF
11	中日 (4)	2002～09 2011～13 2011は守備位置を交換	二	井端弘和	102	260	328	5	54	0.992	5.76
			二	荒木雅博	1141	2802	3411	84	652	0.987	5.45
			遊	井端弘和	1295	1529	3293	58	614	0.988	3.72
			遊	荒木雅博	127	200	387	17	67	0.972	4.62
8	西鉄 (3)	1955～62	二	仰木彬	916	1558	2180	113	395	0.971	4.08
			遊	豊田泰光	1034	1824	2839	226	472	0.954	4.51
8	広島 (1)	1990～91 1993～98	二	正田耕三	923	2046	2533	69	568	0.985	4.96
			遊	野村謙二郎	1023	1744	3047	123	699	0.975	4.68
7	巨人 (2)	1999～2005	二	仁志敏久	722	1492	2073	38	364	0.989	4.94
			遊	二岡智宏	712	881	1830	52	303	0.981	3.81
6	広島 (3)	2015～20	二	菊池涼介	802	1673	2533	32	502	0.992	5.24
			遊	田中広輔	778	1118	2387	84	468	0.977	4.51
5	大阪 (0)	1953～57	二	白坂長栄	560	1382	1404	44	428	0.984	4.98
			遊	吉田義男	606	1023	2103	133	364	0.959	5.16
5	阪神 (1)	1959～63	二	鎌田実	579	1308	1652	84	320	0.972	5.11
			遊	吉田義男	605	1133	1660	109	332	0.962	4.62
5	ロッテ (1)	1974～78	二	山崎裕之	603	1229	1495	52	314	0.981	4.52
			遊	飯塚佳寛	554	689	1208	84	198	0.958	3.42
5	巨人 (2)	1980～84	二	篠塚利夫	557	1203	1643	39	327	0.986	5.11
			遊	河埜和正	584	887	1455	68	298	0.972	4.01
5	西武 (3)	1997～99 2002～03	二	高木浩之	532	865	1230	31	233	0.985	3.94
			遊	松井稼頭央	681	1149	2001	68	428	0.979	4.63
5	西武 (1)	2006～09 2012	二	田中賢介	660	1459	2023	50	407	0.986	5.28
			遊	金子誠	593	858	1827	38	343	0.986	4.53
5	ソフトバンク(2)	2007～11	二	本多雄一	670	1651	1930	41	387	0.989	5.34
			遊	川崎宗則	624	845	1833	52	303	0.981	4.29
5	西武 (0)	2020～24	二	外崎修汰	642	1385	2011	47	411	0.986	5.29
			遊	源田壮亮	603	975	1673	37	367	0.986	4.39

( )はリーグ優勝回数

始まる前から井端は正遊撃手で、立浪和義と二遊間を組んでいたが、2002年から荒木とのコンビが始まる。井端は、守備範囲はそれほど広くないが、グラブさばきが巧みで、守備率は実に.988、これに対して荒木は抜群に守備範囲の広い二塁手だった。このコンビを中心に鉄壁の内野陣を形成し、中日は全盛期を迎えるのだ。

驚くべきことに、中日の落合博満監督は2010年に2人のポジションを交換した。しかしこの年、二塁に回った井端が眼の不調を訴え、アライバコンビは途切れた。しかし翌年に復帰。「アライバ」ならぬ「イバアラ」コンビが実現。2012年には「アライバ」に戻したが中日は11年間も内野の要が盤石だったこともあり、4回も優勝している。

これに続くのが8年、全盛期の西鉄ライオンズ。堅実な守備で知られた仰木と中軸打者で、エラーしてもどんどん向かっていく豊田のコンビは、三塁の中西太とともにライオンズの花形だった。この間に西鉄は3回優勝。三原脩率いるライオンズは博多の誇りだった。

同じく8年は、1990年代の広島。正田と野村の名コンビ。正田はこの前は高橋慶彦と二遊間を組んでいたが、高橋がロッテに移籍した後、野村とコンビを組んだ。正田と高橋は関係がぎくしゃくしていたと言われるが、正田、野村は長くコンビを組んだ。優勝は1回だがこの時期の広島は常に優勝争いに絡んでいた。

7年は、仁志、二岡の巨人スター選手コンビ。長嶋茂雄（第二次）、原辰徳（第一次）、堀内恒夫と3代の監督をはさんで起用された。仁志が5歳の年長で、二岡は新人から仁志と二遊間コンビを組んだが、ともに打者としても貢献度が高かった。

6年の広島、二塁菊池、遊撃田中のコンビも印象的だ。この2人は同学年。菊池は二塁のレギュラーになった当初は守備範囲は広かったものの、2013年から3年連続で二けた失策と粗い二塁手だった。しかし田中と二遊間コンビを組んでからは、守備でも堅実さを増した。二人は打者としても、タナ・キク・マル（丸佳浩）トリオを組んで広島のリーグ三連覇に貢献した。

5年は8例あるが、阪神（大阪）の名遊撃手、吉田義男が先輩の白坂長栄、後輩の鎌田実と相棒を変えて2回出てくるのが面白い。吉田は藤村富美男など阪神草創期の選手から、ドラフトで入団した藤田平の時代まで活躍した息の長い名手。2000本安打は打っていないが監督としても1985年に優勝していて殿堂入りしている。二塁手が誰に代わってもショートは「牛若丸」吉田だったのだ。吉田は2025年2月に惜しまれつつ91歳で物故したが、その名人ぶりが数字でもわかる。

ロッテの山崎は大型遊撃手として期待されたが安定感に欠き、打撃も今一つだった。しかし１９６９年に二塁手にコンバートされてからは守備も打撃も安定した。ダイヤモンドグラブ賞を3回受賞し、打者としても２０００本安打。さらに「隠し球の名手」でもあった。飯塚はロッテに入団後一時広島にトレードされたが、73年にロッテに復帰して山崎と二遊間を組んだ。俊足でも知られたが、規定打席には一度も達していない。攻守に主力選手だった山崎と「専守防衛」飯塚の渋いコンビだった。

篠塚、河埜の二遊間は、第一次長嶋茂雄監督時代の最後の年にコンビを組んで、藤田元司監督の時代まで続いた。安打製造機篠塚と、ベテランの域に達した河埜のコンビは安定感があった。

現役ではもう一組、西武の源田、外崎のコンビが２０２４年で5年目を迎えた。残念ながら２０２４年の西武は早々にペナントレースから離脱したが、この２人は沈滞ムードのチームを好守で必死に引っ張っていた。

本拠地ベルーナドームで大敗した後、遊撃の守備位置でしばらく動けない源田の姿を見たが、再起を期すライオンズをけん引するのも源田、外崎のコンビになるのだろう。

コラム・ワンポイントリリーフ③

いちばん若いプロ野球選手は?

プロ野球は高校を卒業してから、と思われがちだが、年齢制限はない。昔は今でいう「高校中退」でプロ入りした選手がたくさんいた。最も若いのが、名古屋軍(現中日)の西沢道夫。1937年9月5日の金鯱戦に3番手投手として登板。1921年9月1日生まれの西沢は16歳になったばかり。今なら高校1年生だ。すでに180㎝の長身で、戦後は打者に転向して、中日の中軸打者として活躍し、首位打者、打点王1回。1977年に野球殿堂入りしている。

戦後も実質的な「春の甲子園」の予選である秋季大会で負けると、高校を中退してプロのテストを受ける選手がいた。前述の400勝投手、金田正一も享栄商高を2年で中退。1950年17歳と22日でプロデビューをしている。

後のジャイアント馬場、馬場正平も三条実業高2年の秋季大会で負けて、翌年17歳で巨人に入り、担当スカウトから「プロ最年少ですね」と言われている。

東映の大エース尾崎行雄も浪商高2年夏に甲子園で優勝すると秋に東映に入り、

最年少の18歳で新人王になっている。巨人の左腕エース新浦壽夫も静岡商高を中退して巨人に入団した。２００４年ドラフト８巡目で阪神に入団した辻本賢人は、米のハイスクールを修了したもののドラフト時点で15歳。日本の学年で言うとまだ中学生だった。一軍の試合には出場していないが、出場していたら西沢の記録を更新していた可能性がある。余談だが辻本は１９８９年１月６日、つまり「昭和が終わる１日前」の生まれである。辻本の例を最後に、日本人で高校中退してプロ入りする選手はいない。プロで失敗したときに「高校中退、中卒」ではセカンドキャリアが厳しいからだ。

しかし、実は今のＮＰＢにも日本でいう「高校卒業未満」の選手がいる。ソフトバンクの育成左腕投手、アレクサンダー・アルメンタは２００４年６月生まれ。２０２１年10月、17歳４か月で入団契約を結んだ。教育システムが違う海外の選手の入団が増えるなか、こうした「少年プロ野球選手」は今後も増えるのではないか？

第4章　打撃記録をめぐるあんな話、こんな話

筆者は前著『データ・ボール　アナリストは野球をどう変えたのか』（新潮新書）で、セイバーメトリクス研究者、ボロス・マクラッケンの「本塁打を除く安打は偶然の産物だ」という説を紹介した。発表されたときは衝撃を与えたが、アメリカのセイバー研究者の間では、この説は「どうやら本当らしい」ということになっている。だから永らく打者の最高の栄誉とされた「首位打者＝打率1位」の価値も地に落ちている。

2024年でいえば、MLB一の「安打製造機」である現パドレスのルイス・アラエスは打率.314で3年連続3度目の首位打者になったが、打者の総合指標であるWAR（Wins Above Replacement）は1.1でナショナル・リーグ109位、MVP投票ではたった4ポイントしか票が入らなかった。MVPはご存じ、ドジャース大谷翔平。打率は2位で.310だったがWARは9.2で、満票で3度目のMVPになった。

しかしながら「打率」は「野球記録の父」ヘンリー・チャドウィックが最初に考案した記録だとされる。偶然の要素が混じっているとはいえ、最初の指標である打率によって打者の「優劣」がはっきりしたからこそ、野球は「記録のスポーツ」として、ここまで人気になったわけだ。

筆者は小学校の算数で「割り算」を習った頃から「打率」の計算をしてきた。だから「打率」には、今後もこだわりたいと思っている。さらに「TBA（True Batting Average）」を使って、世代が異なる選手の打撃成績を比較する。

4-1　「NPB通算打率」をめぐるもやもや

NPBは2024年で90回目のペナントレースを終えたが、通算での首位打者は誰なのか？　NPB公式サイトには、通算打率ランキングが公表されている。その10傑は次頁の表の通りである。

1位はロッテの強打者レロン・リー、2位にヤクルトの若松、3位に史上最多安打の張本勲。ここまでが左打者で、右では阪急の三冠王、ブーマー・ウェルズ。5位に「打

位	選手	実働期間	打席	打数	安打	打率
1	L.リー*	1977－1987	5485	4934	1579	0.3200
2	若松勉*	1971－1989	7590	6808	2173	0.31918
3	張本勲*	1959－1981	11122	9666	3085	0.31916
4	ブーマー.W	1983－1992	4915	4451	1413	0.3175
5	川上哲治*	1938春－1958	8424	7500	2351	0.3135
6	青木宣親*	2004－2024	7138	6244	1956	0.3133
7	柳田悠岐*	2011－	6017	5114	1595	0.3119
8	与那嶺要*	1951－1962	4955	4298	1337	0.3111
9	落合博満	1979－1998	9257	7627	2371	0.3109
10	小笠原道大*	1997－2015	7801	6828	2120	0.3105

＊左打者

撃の神様」川上哲治と続く。2024年限りで引退した青木宣親は6位。青木はMLBから復帰した2018年オフに通算打数が4000に達してこのランキングに載り、通算打率.329で一躍首位打者に躍り出た。しかし、当時36歳だった青木は次第に打率が低下し、2021年打率.31985で2位に転落。以後も数字を落とし続け、引退した2024年オフの時点では6位に収まっている。レロン・リーの牙城には落合博満や小笠原道大も一時的には迫ったのだが、今のところ「難攻不落」で、引退38年を経て首位打者の座を保っている。

なぜ「規定打数」なのか？

しかし、筆者はこのランキングに大いに不満がある。NPB公式サイトのこのランキングは「4000打数以上の打者」になっている。「規定打数」なのだ。

位	選手	実働期間	打席	打数	安打	打率
1	イチロー*	1992－2000	4098	3619	1278	0.3531
2	R.ローズ	1993－2000	4525	3929	1275	0.3245
3	L.リー*	1977－1987	5485	4934	1579	0.3200
4	若松勉*	1971－1989	7590	6808	2173	0.31918
5	張本勲*	1959－1981	11122	9666	3085	0.31916
6	ブーマー.W	1983－1992	4915	4451	1413	0.3175
7	川上哲治*	1938春－1958	8424	7500	2351	0.3135
8	青木宣親*	2004－2024	7138	6244	1956	0.3133
9	柳田悠岐*	2011－	6017	5114	1595	0.3119
10	与那嶺要*	1951－1962	4955	4298	1337	0.3111

*左打者

野球を少しでも知る人は、シーズン打率のランキングに載るのは「規定打席」をクリアした選手だと認識している。それは通算打率でも同じはずではないのか。「打席」とは「打数」に「四死球」「犠打」「犠飛」「妨害出塁」の数字を加えたものだ。「規定打数」にするということは、四球が多い、選球眼の優秀な打者が弾かれる可能性がある、ということではないのか？　事実、そうなっているのだ。

今の「４０００打数以上」を「４０００打席以上」にすると、ランキングは一変する（上の表）。２０２５年早々にＭＬＢとＮＰＢで「Ｗ殿堂入り」したイチローがトップ。しかも打率は「.353」という異次元の数字だ。

オリックス時代は１９９４年から７年連続首位打者のままＭＬＢに移籍。ＮＰＢ史上初の「シーズン２００本安打」を記録したのは、この本ですでに述べた通りだ。

続いて、イチローとほぼ同時期に横浜ベイスターズの中心打者だったロバート・ローズ。カリフォルニア・エンゼルス時代は4シーズンで49安打、打率.245だったが、来日1年目にいきなり打点王、打率.325で2位、1998年のリーグ優勝時も中心打者として活躍し、翌99年には史上2位の153打点。おまけに打率.369の高率で首位打者。チャンスにめっぽう強いだけでなく、選球眼も抜群で通算出塁率は.402、そして通算打率も.3245。間違いなく「史上最強の右打者」の一人だった。この偉大な2人が「規定打数」のせいで、埋もれてしまっているのだ。

筆者は、イチローが殿堂入りした2025年のタイミングでNPBの公式サイトを「規定打席＝4000打席以上」に変更すべきだと思っている。イチローが「通算打率」で首位打者になることに、異論を唱えるファンは少ないと思えるのだが。

4-2 「4割打者」がどれほど難しいか！

「4割打者」はプロ野球にとって「夢の数字」だ。しかしNPBでは過去に誰も達成していない。

位	年度	選手名	所属	打数	安打	打率
1	1986	R.バース *	阪神	453	176	0.3885
2	2000	イチロー *	オリックス	395	153	0.3873
3	1994	イチロー *	オリックス	546	210	0.3846
4	1970	張本勲 *	東映	459	176	0.3834
5	1951	大下弘 *	東急	321	123	0.3832
6	1989	W.クロマティ *	巨人	439	166	0.3781
7	2008	内川聖一	横浜	500	189	0.3780
8	1951	川上哲治 *	巨人	374	141	0.3770
9	1936秋	中根之 *	名古屋	93	35	0.3763
10	1962	J.ブルーム *	近鉄	401	150	0.3741

＊左打者

上にシーズン最高打率10傑を示した。１９８６年、阪神の21年ぶりの優勝の翌年、２年連続三冠王となったバースが記録した.3885がＮＰＢ、セ・リーグ記録だ。２０００年のイチローがこれに１厘２毛差に迫った。これがパ・リーグ記録。イチローは翌年、ＭＬＢのマリナーズに移籍する。10傑のうち９人が左打者。右打者では２００８年、内川聖一が記録した.378が最高だ。

実は「４割打者」に最も肉薄したのは、６位の１９８９年の巨人、ウォーレン・クロマティだ。この年のクロマティは開幕から好調で、４月を終えた時点で71打数30安打、打率.423、５月も80打数34安打、通算で.424だった。しかし６月は78打数26安打、月間.333とやや勢いが衰え、通算打率は.393と４割を切った。７月に入って当たりが止まり、６日には打率.381まで下がったが、ここから再び勢いを盛り返し、チーム97試合目の８

年	選手	球団	打席	打数	安打	打率
2017	近藤健介	日本ハム	231	167	69	0.4132
1972	宮川孝雄	広島	62	52	21	0.4038
2004	鶴岡一成	横浜	60	55	22	0.4000
2018	上本博紀	阪神	53	45	19	0.4222
1936春夏	小川年安	タイガース	49	44	21	0.4773
1969	藤原真	アトムズ	42	39	18	0.4615
1970	日下正勝	大洋	40	37	15	0.4054
1967	石井茂雄	阪急	39	35	14	0.4000
2005	中村豊	阪神	31	30	13	0.4333
1968	中西太	西鉄	28	25	10	0.4000

月20日にシーズン規定打席（403）に到達して、349打数140安打、打率.401と4割をキープしていた。ここから全休すれば、クロマティは「史上初の4割打者」になったはずだが、ペナントレースの最中でもあり、それが許されるはずもなく、その後も試合に出続け最終打率は.378に落ち着いた。

「最多打席」での4割打者は近藤健介

規定打席未達なら4割打者は結構いるのではないか、と思うかもしれないが、シーズン打率4割は少ない打席数でもなかなか難しい。シーズン4割打者の打席数10傑を記す（上の表）。2017年の日本ハム、近藤健介がただ一人、100打席以上に立って打率4割をキープした。この年の近藤は春先から好調で、6月6日まで.407、開幕から50試合目での4割キープはパ記録だったが右太ももを痛めて戦線離脱。９月28日に復帰して以降も好調を維持し最終的には.413だった。

近藤健介の記録で目立つのは四球の多さ。69安打に対し60四球もある。打率を上げるためには安打を打つだけでなく分母である打数をできるだけ小さくする必要がある。選球眼が良いことは４割を打つうえでは重要なポイントと言えよう。

５位のタイガース、小川年安の記録は、プロ野球最初のシーズンである１９３６年春夏に記録された。この季はチーム成績のみ表彰して個人記録はなかった。タイガースの試合数は15試合、今流の規定打席を当てはめれば47となり、49打席の小川はクリアしている。打席数は極めて少ないが、個人記録の制度がこの時点であれば、初代首位打者、そして唯一の４割打者だったことになる。藤原真、石井茂雄は投手。打数が少なければ、たまたまラッキーヒットが続くこともあるのだ。

シーズン序盤に１００打席以下で４割を打つ打者は毎年のようにでている。しかし好調を維持してシーズン終盤まで４割をキープする選手は、ほとんどいないと言うことだ。

古生物学者が唱えた「４割打者絶滅論」

ＭＬＢでは、１９０１年アスレチックスのナップ・ラジョイの.426を筆頭に、20世紀以降も4割打者が出ていた。しかし1941年、レッドソックスのテッド・ウィリアムスが.406を記録して以降、4割打者は途絶えている。その後、MLBはニグロ・リーグをMLBに加えたので、記録的には4割打者は1948年のニグロ・リーグ、アーティ・ウィルソンとウィラード・ブラウンになっているが、いずれにしても戦後、4割打者はほとんど出ていない。

バットやボール、打撃技術が進化する中で、なぜ「4割打者」は出なくなったのか？一説には、投球技術の進化が打撃技術を上回っているからだと言われる。投手が年々球速を上げ、変化球の精度をアップさせる中で、ただ「打つだけ」の打者より進化したからだと言う。だとすれば、個々の投手の投球を正確に再現できる「トラジェクトアーク」などの最新機器の導入で、「4割打者出現」の可能性が高まるのか？「いや、そうではない、4割打者はもう出ない」という説が、野球やスポーツの専門家ではなく、古生物学者から出されている。

スティーヴン・ジェイ・グールド（1941-2002）といえば日本に「アノマロカリス」などカンブリア紀の生物を紹介した古生物学者として知られる。熱烈な野球ファンだったグールドは『フルハウス　生命の全容』という著書で、生命進化の謎を説明するために「なぜ４割打者は絶滅したか」という自説を展開している。

打撃技術が進化し、様々なデータを活用することができる現代の打者が、なぜ４割を打つことができないのか？　それは、打者の「技術」が一定方向に収斂されて、向上したからだという。かつてはいろいろな打ち方の打者がいたが、次第に優秀な打者の技術を真似する選手が増え、打者の「標準偏差＝実力のばらつき」は小さくなった。これが「４割打者」が絶滅した原因だというのだ。

投手の立場で説明すると、かつての投手は、ものすごい強打者と対戦する一方で、箸にも棒にもかからない打者とも対戦した。投手は強打者には打たれまくる一方で、並みの打者なら簡単に抑えることができた。しかし今の打者は殆どが似たような技術で打っているので、一定の投手攻略法ができ、並みの打者にもある程度打たれるようになったが、強打者にも打たれまくることはなくなった。これが、４割打者が絶滅した原因だというのである。

グールドは、イチローがメジャーデビューし、新人最多安打を打ち、首位打者、ＭＶＰを獲得した翌年の２００２年に60歳の若さで死んでいるが、彼がイチローに対してどんな感想を持っていたのか、聞きたかったと思う。

打者がそろって「同じ方向」に進化したため、突出した成績＝打率4割を上げる打者がいなくなったと言う説、中々の説得力だと思うが、いかがか？

4‐3　TBAから見えてくる打者の本当の実力

野球記録について調べながら、常々思っているのは「投打のバランスが年々変化する中で、単純に数字を比較するのは、適切なのか？」ということだ。

例えば、打率でいうと、最も多くの「3割打者」が出たのは2004年のセ・リーグ、「球界再編」真っただ中だったが、なんと20人もの3割打者が出現した。この年の規定打席以上は38人だから半分以上が3割打者。首位打者は広島の嶋重宣（打率.337）。6球団すべてに複数の3割打者がいた。その前年、2003年のパ・リーグの3割打者は19人だったが、規定打席以上は31人だから実に6割強が3割打者だった。この年の首位打者は日本ハム小笠原道大（.360）、ダイエーは6人もの3割打者がいた。この2年間のリーグ打率は、NPB史上1位、2位を占める。

対照的に、1970年のセ（巨人：王貞治.325）、62年のセ（広島：森永勝治.307）、59年のセ（巨人：長嶋茂雄 .334）、71年のセ（巨人：長嶋茂雄 .320）、2024年のパ（ソフトバンク：近藤健介 .314）は一人だけ。これらの年と2004年の「3割打者」を同列に評価できるのか？ 常に変動する「投打」のバランス、力関係を「補正」することはできないのか？ 実はそういう指標がある。TBA（True Batting Average）という。セイバーメトリクスにありそうな感じだが、実はそれ以前からある指標で日本には「記録の神様」宇佐美徹也が紹介した。

通算打率でいえば、

（選手の通算打率×0.2522）÷実働期間中のリーグ平均打率

という、極めて簡単な数式で導き出すことができる。0.2522は、NPB始まって以来、現在までの全打者の「通算打率」だ。TBAは各年でばらつきのある打撃レベルを「補正」する数式だと言えよう。

このTBAを使って、通算打率、シーズン打率、通算本塁打、シーズン本塁打のランキングをし直してみよう。お断りしておくが、草創期から現在までに起用の方法が大きく変わった「投手」には、TBAは全く適用できない。また盗塁も投打のバランスとは無関係の要素も多いので、使えない。あくまで「打撃」だけの数値だ。

通算打率を「TBA」で補正したランキングは次頁の表の通りだが、ランキングは劇的に変わる。1位には「打撃の神様」川上哲治。2位は日系二世で戦後、川上と共に巨人の中軸を打った与那嶺要、3位に長嶋茂雄。4位に本来は四捨五入して辛うじて3割だった藤村富美男、そのあとに張本勲、そして実際は3割を切っているオリオンズの安打製造機榎本、西鉄の中軸打者中西太と続く。ここまでの選手は全員のキャリアが重なっている。ざっくり言えば昭和、同時代の強打者たちだ。

その次に当代の柳田悠岐がくる。1980年頃から平成にかけての強打者は全員、順位を大きく落としている。この時代になるとドラフトによる戦力均衡が進み、各球団に強打者が分散して打撃のレベルが上がってきたために、リーグ打率も上がってしまったのだ。このあたり、かの古生物学者グールドの観方を補強している。実際には1位のリーは14位にまで落ちてしまう。

規定打数未達の2人もつけておいたが、イチローもNPB時代は平成の強打者だったから、打率は大きく下落したが、もともとが驚異的な高打率だったから、それでも.341という異次元の数字で1位にいる。ローズは8位だ。

位	選手	実働期間	通算打率	位	実働期間のリーグ平均打率	TBA補正
1	川上哲治 *	1938 春－1958	0.313	5	0.236	0.334
2	与那嶺要 *	1951－1962	0.311	8	0.240	0.327
3	長嶋茂雄	1958－1974	0.305	14	0.238	0.323
4	藤村富美男	1936春夏－1958	0.300	27	0.236	0.320
5	張本勲 *	1959－1981	0.319	3	0.252	0.319
6	榎本喜八 *	1955－1972	0.298	28	0.236	0.318
7	中西太	1952－1969	0.307	13	0.243	0.318
8	柳田悠岐 *	2011－	0.312	7	0.250	0.314
9	大下弘 *	1946－1959	0.303	19	0.245	0.312
10	若松勉 *	1971－1989	0.319	2	0.258	0.312
11	王貞治	1959－1980	0.301	25	0.245	0.310
12	近藤健介	2012－	0.307	12	0.250	0.309
13	青木宣親 *	2004－2024	0.313	6	0.257	0.307
14	L. リー *	1977－1987	0.320	1	0.267	0.302
15	ブーマー .W	1983－1992	0.317	4	0.265	0.301
	イチロー *	1992－2000	0.353		0.261	0.341
	R. ローズ	1993－2000	0.325		0.260	0.315

＊左打者

シーズン打率、TBAで補正したランキング

TBAは、通算記録だけでなく、シーズン記録でも適用が可能だ。この補正値でシーズン打率20傑を出すと次頁の表になる。

4割打者が2人出ていることになる。1938年秋の巨人、中島治康は史上初の「三冠王」を記録。打率も4割を超えていたのだ。しかしこの中島を含め、網点がついている5例は、すべて試合数が100試合以下だったシーズンのものだ。打数、打席数が少なければ、4割はより容易になる。これは「参考例」とすべきだと思うので、それ以外の15傑も加えた次第だ。

史上最多安打の張本勲、巨人の川上哲治、与那嶺要と戦後から昭和中期の打者が並ぶ。この時期は戦力差が大きくリーグ平均打率は低かった。だから傑出度が高かったのだ。

史上1位のバースの記録は9位、2位のイチローは14位になる。

注目は20位に2022年の日ハム、松本剛が入っていること。実はコロナ禍の2020年以降、NPBは両リーグともに異常な「投高打低」が続いている。2022年のパ・リーグの平均打率は.2399、これは昭和30〜40年代の水準だ。今後、TBAで見れば高打率の選手が出てくる可能性はある。

位	年	選手	所属	打率	位	リーグ平均打率	TBA
1	1938秋	中島治康	巨人	0.36129	21	0.2192	0.41560
2	1944	岡村俊昭	近畿日本	0.36923	12	0.2251	0.41362
3	1936秋	中根之	名古屋	0.37634	9	0.2399	0.39569
4	1970	張本勲	東映	0.38344	4	0.2456	0.39375
5	1944	黒沢俊夫	巨人	0.34815	62	0.2251	0.39000
6	1951	川上哲治	巨人	0.37701	8	0.2465	0.38569
7	1938春	中島治康	巨人	0.34483	78	0.2290	0.37984
8	1957	与那嶺要	巨人	0.34261	94	0.2282	0.37862
9	1986	R.バース	阪神	0.38852	1	0.2591	0.37824
10	1961	長嶋茂雄	巨人	0.35268	46	0.2355	0.37768
11	1962	J.ブルーム	近鉄	0.37406	10	0.2501	0.37725
12	1973	王貞治	巨人	0.35514	37	0.2374	0.37720
13	1966	榎本喜八	東京	0.35084	51	0.2383	0.37127
14	2000	イチロー	オリックス	0.38734	2	0.2637	0.37044
15	1964	広瀬叔功	南海	0.36623	15	0.2498	0.36978
16	1969	王貞治	巨人	0.34513	77	0.2369	0.36735
17	1989	W.クロマティ	巨人	0.37813	6	0.2603	0.36639
18	1951	大下弘	東急	0.38318	5	0.2640	0.36611
19	1966	長嶋茂雄	巨人	0.34388	84	0.2374	0.36535
20	2022	松本剛	日本ハム	0.34684	69	0.2399	0.36467

▒100試合以下のシーズン

通算本塁打のＴＢＡ

TBA の考え方は、打率だけでなく本塁打でも使うことができる。打率を本塁打率（本塁打数÷打数）にして、本塁打数の TBA も出すことができる。計算式は、

（選手の通算本塁打数×0.0247）÷実働期間のリーグ平均本塁打率

となる。0.0247 は、プロ野球始まって以来全シーズンの本塁打率の平均だ。

これで通算本塁打数のランキングを出すと次頁の表のようになる。1位の王貞治は変わらないが、本塁打数は89本も減る。王が登場してからセ・リーグでは続々と長距離打者が登場して本塁打率が上がったのだ。

2位も変わらず野村克也だが、本塁打は若干増える。パ・リーグの方が長距離打者が少なかったからだ。3位には王貞治、野村以前の通算本塁打記録を持っていた山内和弘。

そして4位に、当代の中村剛也が入って来る。後述するが、中村は、本塁打がなかなか出ない「投高打低」の昨今にあって傑出した本塁打記録を持っている。5位の藤村富美男は倍以上も本塁打数が増えている。１９３６年、プロ野球草創期からプレーをしていた藤村は、戦前の「極貧打」の時代を経たために本塁打数が爆上がりしているのだ。

位	打者	本塁打	位	実働期間の リーグ平均本塁打率	TBA
1	王貞治	868	1	0.02753	778.8
2	野村克也	657	2	0.02451	662.1
3	山内和弘	396	21	0.01962	498.6
4	中村剛也	478	10	0.02434	485.2
5	藤村富美男	224	90	0.01217	454.7
6	長嶋茂雄	444	15	0.02440	449.5
7	青田昇	265	64	0.01468	445.9
8	張本勲	504	7	0.02851	436.7
9	門田博光	567	3	0.03241	432.2
10	西沢道夫	212	100	0.01230	425.6
11	金本知憲	476	11	0.02780	422.9
12	清原和博	525	5	0.03095	418.9
13	山本浩二	536	4	0.03212	412.2
14	土井正博	465	13	0.02846	403.6
15	衣笠祥雄	504	7	0.03098	401.9

以下にも昭和の強打者が並んでいる。15傑に平成以降にプレーした選手は中村剛也、門田、金本、清原の4人しかいない。TBAは昔の打者を持ち上げることになってしまうが、これも一つの指標と考えていただきたい。

シーズン本塁打のＴＢＡ

シーズン本塁打数は、長く1964年の巨人、王貞治が記録した55本塁打だった。これに2001年の近鉄、タフィ・ローズ、2002年に西武、アレックス・カブレラが並び、長く3選手の55本がトップだった。しかし2013年にヤクルトのバレンティンが60本を打ちこれを更新。2022年には同じくヤクルトの村上宗隆が56本塁打を打っている。

しかし本塁打は「投打のバランス」と「球場の大きさ」によって大きく左右される。TBAで補正したシーズン本塁打数15傑はこうなる（次頁の表）。読者は驚かれると思うが、2011年の西武、中村剛也が74.10で断トツのトップになる。

この年、ＮＰＢは加藤良三コミッショナーの肝いりで「統一球」を導入した。しかしこの「統一球」は、反発係数が極端に低く、本塁打数が激減した。2010年のパ・リ

位	年度	選手	球団	試合数	打数	本塁打	位	リーグ本塁打率	TBA
1	2011	中村剛也	西武	144	525	**48**	22	0.016	74.1
2	2013	W.バレンティン	ヤクルト	130	439	**60**	1	0.025	59.3
3	2022	村上宗隆	ヤクルト	141	487	**56**	2	0.024	57.6
4	1962	野村克也	南海	133	489	**44**	46	0.019	57.2
5	1950	小鶴誠	松竹	130	516	**51**	9	0.024	52.5
6	1964	王貞治	巨人	140	472	**55**	3	0.026	52.3
7	1966	王貞治	巨人	129	396	**48**	22	0.023	51.5
8	1963	野村克也	南海	150	550	**52**	7	0.025	51.4
9	1950	別当薫	毎日	120	477	**43**	62	0.021	50.6
10	1965	王貞治	巨人	135	428	**42**	73	0.021	49.4
10	1949	藤村富美男	大阪	137	563	**46**	34	0.023	49.4
12	2007	山﨑武司	楽天	141	506	**43**	62	0.022	48.3
13	1950	西沢道夫	中日	137	562	46	34	0.024	47.3
14	2007	T.ローズ	オリックス	132	464	42	73	0.022	47.2
15	1973	王貞治	巨人	130	428	**51**	9	0.027	46.7

太字はタイトル

ーグの本塁打数は７４２本だったが２０１１年には４５４本と激減。本塁打率も0.0253から0.0160まで落ちた。

そんな中で中村剛也はキャリアタイの48本塁打を打った。これはリーグ本塁打の１０・６％にあたる。この年のロッテのチーム本塁打は46本、中村はこれを２本上回っていた。

この年のパ・リーグのＭＶＰは優勝したソフトバンクの内川聖一で７５７ポイント、中村は楽天、田中将大の４１４ポイントに次ぎ、３位でわずか２４９ポイントしか入らなかった。この歴史的な大記録が評価されなかったことに、筆者は切歯扼腕したものだ。

コラム・ワンポイントリリーフ④

「名球会」惜しい打者たち

「日本プロ野球名球会」は、1978年にできた野球選手の団体だが、入会資格が昭和以降の生まれで、NPBで2000本安打、200勝となっていた。後に日米通算も可、250セーブも可となり、今は特例入会枠まであるが、野球選手にとって2000本、200勝は選手生活をかけた目標になりつつある。しかしその寸前でキャリアを絶たれる選手もいるのだ。

2000本安打に未達の打者の10傑はこうなる。1位の飯田徳治は全盛期の南海の正一塁手。打点王2回、盗塁王1回、1963年に引退した。

惜しかったのが毒島だ。東映で張本勲、大杉勝男らとともに活躍。三塁打が多かった。1970年には「あと23本」と迫り、71年は選手登録だったが実質引退。当時の田宮謙次郎監督に「2000本打ったも同然だよな」と言われたと言う。また青木宣親、福留孝介は「日米通算」で2000本を達成している。

小玉は近鉄の安打製造機だが、阪神では控えに回った。谷は「右のイチロー」と

※	選手	実働	通算安打
22	飯田徳治	1947-1963	1978
23	毒島章一	1954-1971	1977
36	浅村栄斗	2009-	1964
37	小玉明利	1953-1969	1963
44	青木宣親	2004-2024	1956
48	福留孝介	1999-2022	1952
72	谷佳知	1997-2015	1928
72	中島裕之	2001-	1928
88	井端弘和	1998-2015	1912
96	松永浩美	1979-1997	1904

※2000本までの本数

言うべき巧打者だがこれも巨人に移籍してから出場機会が減った。中島裕之は2024年に中日を自由契約になって、今も移籍先を求めている。楽天の浅村はあと36本。2025年中の達成はほぼ確実だ。

10位の松永浩美は引退後、OBによるリーグのプロ野球マスターズリーグで99安打を打って「名誉会員」となったが、マスターズリーグが休止したためうやむやになった。「2000本」を巡るバットマンレースは切ないのだ。

第5章　「ファーム」もう一つのプロ野球の世界

ＭＬＢにもＮＰＢにも「ファーム」があるが、その仕組みは大きく異なっている。ＭＬＢのファームは、ルーキーリーグなど球団直営のチームもあるが、大部分は別の経営者が運営する別個の球団だ。ＭＬＢ球団は、ファームチームと契約（アフィリエイト）を結んでいる。ＭＬＢ球団は、毎年7月のアマチュアドラフトで獲得した選手を、マイナー球団に送り込む。選手の年俸はＭＬＢ球団が負担するが、試合興行はファームチームが独立採算で行う。中にはファームで1万人以上の観客を集めるチームもある。また、アフィリエイトするメジャー球団を乗り換えることもしばしばある。

これに対しＮＰＢのファームは、2024年からできたファームだけの2球団（くふうハヤテベンチャーズ静岡、オイシックス新潟アルビレックス）を除いて、二軍、三軍（ソフトバンク、巨人）、四軍（ソフトバンク）のチームはすべてＮＰＢ球団直営だ。イースタン・リーグ、ウエスタン・リーグの試合運営は、イースタンをセントラル・リーグ、ウエスタンをパシフィック・リーグが行っている。つまり一軍丸抱えだ。

ちなみにイースタン・リーグにオイシックス新潟が、ウエスタン・リーグにくふうハヤテベンチャーズ静岡が「参加」した（NPBに「加盟」したのではなく「参加」）のは、従来イースタンが7チーム、ウエスタンが5チームと、ともに「奇数」で試合日程が難しかったことが背景にある。ただこの2チームの選手の記録も、ファーム記録となっている。

そしてNPBのファームは採算を度外視して試合を行っている。広島はファーム本拠地の山口県由宇の球場（正式名は広島東洋カープ由宇練習場）では未だに入場料を取っていない。ソフトバンクのようにファーム本拠地のタマホームスタジアム筑後で「指定席」を販売している球団もあるが「ビジネス」はほとんど考えてないのが現状だ。

そういう意味では「NPBのファームは本当にプロ野球なのか？」という疑問もわいてくる。しかし二軍にも公式記録員がいて、公式記録が積みあがっていく。NPBの公式サイトは2005年以降、一軍と同様の投打守備の公式記録を公開している。そこには、一軍とは異なる「野球人生」を感じさせるデータが存在しているのだ。

ここでは知られざる「二軍の記録」にスポットを当てることにする。

5－1　二軍の打撃成績

二軍の通算安打数

2005年から2024年の20シーズンの二軍、通算安打数15傑（次頁）。これが「二軍の強打者」の顔ぶれと言うことになる。

最多安打は、現在ロッテでプレーしている石川慎吾だ。東大阪大学柏原高を経てドラフト3位で日本ハムに入団。強打の外野手として期待されたが、レギュラーになれず。2017年巨人に移籍、1年目は一軍でキャリアハイの99試合に出たが、以後は代打要員が続き、2023年にロッテに移籍した。一軍では通算442試合に出場して203安打、17本塁打だが、二軍では781試合に出場して最多の806安打、83本塁打。一、二軍合わせて1009安打だ。そして打率は.310をマーク。圧倒的な成績を残している。安打数2位は、2005年から18年まで日本ハム、ヤクルトでプレーした外野手の鵜久森淳志。そして3位は、2010年から19年まで楽天、DeNAでプレーした中川

選手	年	試合	打数	安打	本塁打	打点	盗塁	打率	OPS
石川慎吾	13	781	2603	806	83	394	18	0.310	0.838
鵜久森淳志	14	922	2955	782	89	451	22	0.265	0.743
中川大志	11	831	2793	776	81	457	40	0.278	0.773
細谷圭	15	830	2713	773	100	471	68	0.285	0.817
江川智晃	15	866	2759	760	120	450	64	0.275	0.841
小斉祐輔	10	754	2485	757	78	402	11	0.305	0.853
中井大介	13	726	2582	730	54	325	52	0.283	0.750
大田泰示	15	698	2635	708	96	379	88	0.269	0.762
堂上剛裕	13	779	2407	696	42	301	23	0.289	0.748
香月一也	11	805	2608	680	66	364	10	0.261	0.709
橋本到	11	695	2370	657	34	239	75	0.277	0.754
和田恋	11	803	2580	647	85	397	18	0.251	0.717
加藤翔平	13	558	2071	642	48	273	93	0.310	0.820
黒瀬春樹	12	761	2374	642	46	256	45	0.270	0.715
陽川尚将	11	712	2425	617	80	402	28	0.254	0.763

大志となる。

この顔ぶれからわかるのは「二軍の強打者」とは「箸にも棒にもかからない」ような選手ではなく、あと一歩でレギュラー、さらにはスター選手の座を摑んでいたかもしれない「惜しい選手」たちだということだ。とりわけ筆者に感慨深いのが、安打数3位、前述の中川大志と、安打数8位の大田泰示だ。ともに名前は「たいし」、中川は1990年6月8日生まれ、大田は1日遅れの6月9日生まれ。同じ2008年のドラフトで愛知・桜丘高出身の中川はドラフト2位で楽天に、神奈川・東海大相模高の大田は1位で巨人に入団した。ともに大型内野手として将来を嘱望された。筆者は2人の「たいし」のどちらが出世するかに注目していたが、結局、大田の方は巨人では芽が出なかったものの日本ハムでは中軸を打ち、一軍通算718安打84本塁打をマーク、しかし中川は楽天からDeNAに移籍するも一軍では79安打9本塁打に終わった。二軍での成績を見る限り、2人の選手は実力的に拮抗していたと思われるが、チーム事情や指揮官との相性など、様々な要因が絡まって、この違いになったのだと思う。ともにDeNAでキャリアを終えたのも感慨深い。

二軍通算本塁打10傑

ファームの通算本塁打記録も見ておこう（次頁）。

本塁打は、2005年から2019年までソフトバンクでプレーした江川智晃の120本が最多。2位が2006年から20年までロッテでプレーした細谷圭、さらに大田泰示、鵜久森淳志と続くが、猛烈な勢いで本塁打を量産している現役選手がいる。ソフトバンクのリチャード（砂川リチャード）だ。

2017年沖縄尚学高から育成3位でソフトバンクに入団したリチャードだが、基本から鍛える必要があったので2年間は二軍さえ出場がほとんどなかったが、2020年にいきなりウエスタン・リーグの本塁打王。以後、2024年まで5年連続の本塁打王、

選手	年	試合	打数	安打	本塁打	打点	盗塁	打率	OPS
江川智晃	15	866	2759	760	120	450	64	0.275	0.841
細谷圭	15	830	2713	773	100	471	68	0.285	0.817
大田泰示	15	698	2635	708	96	379	88	0.269	0.762
鵜久森淳志	14	922	2955	782	89	451	22	0.265	0.743
リチャード	6	402	1324	304	88	287	4	0.230	0.815
和田恋	11	803	2580	647	85	397	18	0.251	0.717
石川慎吾	13	781	2603	806	83	394	18	0.310	0.838
中川大志	11	831	2793	776	81	457	40	0.278	0.773
陽川尚将	11	712	2425	617	80	402	28	0.254	0.763
後藤武敏	12	554	1826	538	79	370	2	0.295	0.877

これはファーム史上最長。２０２２年にはリーグ記録の29本塁打。打点王も４回。

ファームではわずか４０２試合の出場で88本塁打。この間一軍では94試合で10本塁打だが、筑後のファーム本拠地では、すさまじい勢いでボールを飛ばすリチャードの打撃練習が一種の名物になっている。二軍ではもうやることが無い印象なので、２０２４年の「現役ドラフト」にかかるかと思ったが、名前はなかった。尊敬する同郷の山川穂高と毎年自主トレをやっているが、その山川が２０２４年にＦＡでソフトバンクにやってきたために、ポジションが被るリチャードは出番がなくなった印象だ。このままでは２０２５年中に通算本塁打２位になってしまいそうだが、二軍最強のスラッガーになりつつあるリチャードに日が当たることはあるのだろうか？

二軍のシーズン最多本塁打12人

後述するように、かつてのエリート選手は「二軍知らず」でレギュラーになり、そのままキャリアを終えたものだ。しかし選手層が厚くなった昨今は、どんな有望選手でも二軍のプレー経験を持っている。

ただ、スター選手は二軍で抜群の成績を挙げるとさっさとファームを卒業するのだ。それを象徴する数字が二軍の「シーズン最多本塁打」記録だ（次頁の表）。

1位には、中田翔の名前がある。大阪桐蔭高から2007年、高校ドラフト1巡目で日本ハムへ。投手としての期待もあったが、プロでは打者に専念し、2年目の2009年に、ファーム記録の30本塁打を記録。OPS 1.212 はすさまじい。この年、一軍でも初出場、翌年からは一軍に定着し、打点王3回、勝負強いクラッチヒッターへと成長していった。

先ほど紹介したリチャードがウエスタン記録の29本塁打を打っているが、3位は現DeNAの筒香嘉智。横浜高から2009年1位で横浜に。当時、二軍は湘南シーレックスと名乗っていたが1年目に26本塁打を打った。以後、一軍と二軍を往復する日々が続いたが2014年にレギュラーに定着、16年には本塁打、打点の二冠をとっている。

年度	選　手	球団	試合	打数	安打	本塁打	打点	打率	OPS
2009	中田翔	日本ハム	82	322	105	30	95	0.326	1.212
2022	リチャード	ソフトバンク	93	315	73	29	84	0.232	0.910
2010	筒香嘉智	湘南	102	418	121	26	88	0.289	0.759
2005	竹原直隆	ロッテ	82	268	84	23	57	0.313	0.936
2016	山川穂高	西武	64	237	79	22	64	0.333	1.066
2017	陽川尚将	阪神	105	391	110	21	91	0.281	0.718
2010	大田泰示	巨人	101	407	108	21	70	0.265	0.684
2014	山川穂高	西武	77	277	89	21	62	0.321	1.017
2009	岡田貴弘	オリックス	65	258	76	21	59	0.295	0.974
2019	A. メヒア	広島	73	231	70	21	56	0.303	1.014
2005	喜田剛	阪神	86	271	82	21	55	0.303	1.028
2017	X. バティスタ	広島	48	177	65	21	49	0.367	1.196

ロッテの竹原をはさんで、現ソフトバンクの山川穂高。沖縄県立中部商から富士大を経て２０１３年２位で西武へ。山川も一軍定着には時間がかかり、規定打席に達したのは５年目の２０１８年だが、この間、２０１４年、16年とイースタンの本塁打王をとっている。このあたりまで、リチャードと似た経過をたどっているのだが……。山川は一軍では２０１８、19、22、24年と４回本塁打王になっている。

２００９年の岡田貴弘はのちのＴ－岡田だ。大阪、履正社高から２００５年高校ドラフト１巡目でオリックスに。彼も下積み時代が長かったが２００９年にウエスタン・リーグで21本塁打を打ってタイトルを取り、翌２０１０年は33本塁打でパ・リーグ本塁打王になっている。二軍から一軍と2年連続で本塁打王。急速なステップアップとなったのだ。

こうして見ていくと、スター選手と「二軍の帝王」の間が「紙一重」であることがますます実感できるのだ。

5-2 二軍の投手成績

二軍の投手通算勝利記録

2005年以降の投手の通算二軍勝利数上位（18人）を次頁に示す。1位は、2024年限りで引退した阪神の秋山拓巳。愛媛県立西条高時代は投打で活躍。3年生では春夏の甲子園に出場し、2009年ドラフト4位で阪神入団。翌年早くも一軍に昇格するも、以後は二軍での登板の方が多かったが、2017年初めて一軍の規定投球回数に到達して12勝、以後も2021年までは一軍のローテーションに乗っていた。しかし以後はまた二軍の登板が増えた。一軍では134登板49勝44敗、防御率3.66だったが、二軍では断トツの72勝。またNPBが記録を録り始めた1991年以降で初めて1000イニングをクリアした。二軍で100イニング以上を4回、これは最多だ。本人は嬉しくな

投手	年	登	勝	敗	S	回	三振	防御率
秋山拓巳	15	187	72	48	0	1001.2	719	2.92
川井貴志	13	207	54	36	21	750	500	3.26
今村信貴	13	192	47	26	3	712.2	517	2.74
山田大樹	12	165	47	23	3	734	500	3.11
二保旭	15	262	40	30	21	582.2	375	3.46
山井大介	16	134	39	26	1	518.2	400	3.18
藪田和樹	9	149	38	33	5	576.2	376	3.76
吉川光夫	15	161	37	42	2	615	528	3.89
中村勝	11	148	37	40	0	708	528	3.86
大嶺祐太	15	184	36	35	4	643.2	461	3.71
木村雄太	8	138	36	26	0	532.1	356	2.94
岩嵜翔	14	148	35	17	14	512.1	365	2.28
小山雄輝	8	146	34	30	6	543	412	2.80
巽真悟	8	161	34	24	5	479	319	3.42
古川侑利	12	224	33	22	17	527	518	2.56
古谷拓哉	12	186	33	27	8	550.2	472	3.71
八木智哉	12	170	33	30	3	589.1	379	3.82
本田圭佑	9	105	33	21	2	453.1	308	3.38

いかもしれないが、圧倒的な「二軍の大投手」と言える。

2位の川井は大阪桐蔭高、城西大を経て1998年にドラフト3位でロッテに入団。2006年に楽天に移籍。一軍では主として救援投手として通算307登板28勝36敗3ホールド、防御率4.51だった。なお、川井は1999年から2004年までに二軍で5勝3敗1Sを記録。通算では54勝となっている。

3位の今村は、大阪の太成学院大学高から2011年ドラフト2位で巨人に入団。2013年に一軍に初昇格した。先発で起用されたがなかなか定着できず、一軍の通算では180登板25勝22敗24ホールド、防御率4.00だ。

二軍勝利数のランキングを見ても、打者同様「箸にも棒にもかからぬ」投手はいない。多くは一度は一軍で活躍した時期のある投手だ。防御率もすべて3点台以下であり、二軍で通用することは証明済みの「惜しい投手」だったといえる。

二軍の投手通算セーブ数記録

通算セーブ数上位（次頁）。1位は東海大菅生高から2003年ドラフト6巡目で日本ハムに入団した金森。2007年に一軍昇格したが、活躍できず2012年に一度戦力外となり、独立リーグ愛媛マンダリンパイレーツに移籍し、2014年にロッテに復帰する。二軍ではクローザーだったが、一軍では通算87登板6勝3敗0セーブ3ホールド、防御率4.92に終わる。この投手は二軍が「主戦場」だったというべきか。

2位の金剛は帝京高、立正大から社会人の朝日生命、日本通運を経て2004年ドラフト9巡目で中日に。一軍では27登板、27試合0勝1敗1ホールド、防御率8.16に終わった。この投手も「二軍のクローザー」だった。

二軍は、一軍で活躍する選手を養成するのが目的ではあるが、同時に、現在でいえば

投手	年	登	勝	敗	S	回	三振	防御率
金森敬之	11	280	13	21	57	383.1	239	4.25
金剛弘樹	8	272	15	14	56	280.2	225	2.85
松井光介	8	192	15	19	47	247.1	161	3.42
橋本健太郎	9	190	9	13	43	198.1	193	2.72
玉置隆	10	240	21	17	42	290.1	274	3.53
田村伊知郎	8	171	13	11	42	225.2	188	2.91
内竜也	14	189	17	6	40	203	212	2.93
牛田成樹	9	189	13	10	40	231.1	272	2.18
小野郁	9	160	13	16	39	199.2	195	3.11
土田瑞起	6	198	10	11	37	232.2	239	2.48
一岡竜司	12	225	13	8	36	230	197	2.51
香月良仁	8	181	28	13	35	348.1	276	3.00
田中靖洋	17	275	22	12	31	342.2	199	3.62
加治屋蓮	11	212	21	14	31	303.1	263	3.17
小熊凌祐	11	226	21	26	31	453.1	339	3.00
祖父江大輔	9	124	9	6	31	121.2	126	1.70

120試合前後の「公式戦」も消化する必要がある。そのために、一軍で活躍する可能性はそれほど高くなくても、二軍の試合では起用され続ける「二軍の主力」的な選手も一定数いる。特に救援投手にこのタイプが多いのだ。

もちろん、中には巨人、広島の一岡や中日の祖父江のように一軍でもそこそこ活躍した選手もいるが、この顔ぶれの多くは「二軍に定着した選手たち」と見ることもできよう。

なお、なぜなのかはわからないが、二軍には「ホールド」という記録はない。記録がないと言うことは「ホールドシチュエーション」を意識した投手起用はないと言うことになる。二軍と一軍で公式記録が異なるのは、なぜなのか？　理解に苦しむところだ。

二軍のシーズン勝利数

二軍のシーズン勝利数上位を見ていこう（次頁）。1位の誠は本名相内誠、千葉国際高から2012年ドラフト2位で西武に入団。「大谷翔平世代」、185cm80kgの均整の取れた体で、将来を大いに嘱望された。しかし高校卒業前に仮免許でスピード違反をして入団会見を欠席。家庭裁判所の保護観察処分のままプロ野球選手になった。2014年に一軍初昇格、二軍では2015年に12勝を挙げたが、登板過多だったのか翌年2月に右肘じん帯の断裂がわかり、トミー・ジョン手術。2018年には車の自損事故、コロナ禍の2020年には外出禁止の禁を破って車で外出したうえに、危険運転に関与して無期限謹慎処分となり、戦力外、引退となった。今は格闘家。違う意味で、彼ほど「惜しい選手」もちょっといない。一軍では21登板0勝7敗、43回防御率10.05に終わった。

2位の巽は、和歌山県立新宮高、近畿大を経て2008年ドラフト1位でソフトバンクに。即戦力の期待が高く、2年目の2010年には開幕ローテの一角を担ったが、期

年	投手	球団	登	勝	敗	S	回	三振	防御率
2015	誠	西武	22	12	7	0	142.1	120	4.24
2011	巽真悟	ソフトバンク	21	11	5	0	117.1	67	3.07
2012	二保旭	ソフトバンク	17	11	0	0	87.1	50	1.44
2013	藤原良平	西武	31	11	7	1	101.2	82	3.90
2015	高梨裕稔	日本ハム	21	11	6	0	114.2	122	3.38
2018	髙田萌生	巨人	21	11	2	1	113.2	85	2.69
2019	中川虎大	DeNA	20	11	3	1	104.0	93	2.25
2022	高田孝一	楽天	19	11	2	1	108.0	72	2.25
2005	手嶌智	ロッテ	22	10	5	1	105.0	76	4.71
2006	古谷拓哉	ロッテ	22	10	5	1	122.0	111	2.51
2007	高崎健太郎	湘南	27	10	5	0	117.0	95	2.46
2012	永井怜	楽天	17	10	4	0	101.1	59	3.91
2013	今村信貴	巨人	21	10	3	0	112.1	67	3.45
2013	山中浩史	ソフトバンク	25	10	4	2	63.1	41	1.71
2014	小石博孝	西武	24	10	6	0	119.0	84	4.61
2015	岩嵜翔	ソフトバンク	18	10	2	0	92.0	72	1.66
2016	イ・デウン	ロッテ	24	10	8	0	112.0	94	3.86
2017	山田大樹	ソフトバンク	22	10	5	0	134.0	99	2.35
2019	秋山拓巳	阪神	13	10	2	0	77.2	58	2.67
2021	森遼大朗	ロッテ	20	10	5	0	115.1	87	3.20
2021	村上頌樹	阪神	17	10	1	0	84.2	75	2.23
2024	松木平優太	中日	16	10	3	0	107.2	71	1.76
2024	前田純	ソフトバンク	19	10	4	0	106.1	74	1.95

待に応えられず。2011年に二軍で11勝、以後は「二軍の主力」となり2016年までプレーした。一軍では24登板1勝4敗、防御率7.50に終わった。制球難が課題だった。以後も独立リーグ栃木ゴールデンブレーブスで現役続行。2020年に社会人野球Nbuyのトライアウトを受けた。筆者はこの時にインタビューしたが、頭脳明晰、礼儀正しく魅力的だった。トライアウトを見に来ていたNbuy社長も印象に残ったようで「指導者に」と期待を寄せたが、今は独立リーグ茨城アストロプラネッツの選手兼任監督になっている。

二軍では2回以上二けた勝利を挙げた投手はいない。そもそも二軍で勝利を積み上げればすぐに上に引き上げられる。二けた勝利するまで二軍で投げることの方が異例なのだ。

なお、二軍の最多イニングは、2024年からイースタン・リーグに加入したオイシックス新潟アルビレックスの薮田和樹（元広島）が記録した143回。オイシックスはウエスタン・リーグのくふうハヤテベンチャーズと共に二軍だけのチームで昇格がないから、今後の二軍のシーズン記録は、この2チームから出てくる可能性があるだろう。

年	投手	球団	登	勝	敗	S	回	三振	防御率
2017	R. メンデス	阪神	52	1	5	23	51.2	42	3.48
2019	漆原大晟	オリックス	39	1	0	23	38.1	38	3.52
2023	清宮虎多朗	楽天	39	2	2	22	36.0	39	4.00
2008	W. オビスポ	巨人	37	1	3	21	34.0	41	4.24
2024	上村知輝	オイシックス	48	5	5	20	46.0	31	2.93
2018	小野郁	楽天	39	3	3	20	38.2	38	1.86
2018	伊藤和雄	阪神	36	1	2	20	35.2	42	1.26
2014	香月良仁	ロッテ	42	4	2	19	41.1	27	3.27
2010	L. ロメロ	巨人	35	1	2	19	35.1	33	1.02
2013	松井光介	ヤクルト	44	3	4	18	45.2	34	3.74
2017	戸根千明	巨人	48	2	3	18	56.1	63	1.76
2007	坂元弥太郎	ヤクルト	45	1	3	18	48.2	47	2.03

二軍のシーズンセーブ数

シーズンセーブ数上位も見ていこう。

二軍記録にはあまり外国人選手は出てこない。外国人選手は即戦力であり、二軍でプレーするのはあくまで「調整」で、長くファームでプレーさせるわけにはいかないからだ。しかし、最近は、若い外国人選手を育成枠で獲得して自前で育成する球団も増えている。

最多タイの23セーブを記録したローマン・メンデスは、メッセンジャー、マテオ、ドリスと外国人投手が3人いた阪神に4番手として入団。一軍ではわずか8試合、0勝0敗1ホールド、防御率6.52に終わったが、二軍ではクローザーとして活躍した。しかし1年で自由契約。

同じく23セーブの漆原は、新潟明訓高、新潟医療福祉大から2018年育成ドラフト1位でオリックスに。2019年、二軍でクローザーとして活躍。翌年には支配下登録され、中継ぎで投げたが、2023年オフに現役ドラフトで阪神に移籍した。

3位の清宮虎多朗《せいみやこたろう》は、八千代松陰高から漆原と同じ2018年育成1位で楽天に。しかし21年にトミー・ジョン手術を受ける。22年に復帰し23年に二軍のクローザーとして活躍。24年には支配下選手登録を勝ち取るがこの年、戦力外に。11月に行われた12球団合同トライアウトに出場し、参加選手中最速の154km/hを記録。筆者はこの時、囲み取材をしたが「肘はもう戻ったと思います」とニコニコしながら語った。1週間後に日本ハムと育成で再契約。とかく「混同しそうでややこしい」と言われていた清宮幸太郎《きよみやこうたろう》のチームメイトになった。

二軍選手の成績も丹念に見ていくと、それぞれにドラマがあってなかなか味わい深いものなのだ。

5-3　レジェンドたちのファーム成績

巨人時代の「ジャイアント馬場」の二軍成績

日本のプロ野球の二軍は、1948年に金星、急映の2球団が創設されたのが始まりだとされる。当時は練習試合しかなかったが、1952年関西ファームリーグ、54年に新日本リーグが創設され、1955年にウエスタン・リーグ、イースタン・リーグができた。イースタン・リーグは56年から60年まで中断したが、61年に再開され、現在に至っている。

しかしリーグ戦が始まった当初は二軍には公式記録員がおらず、新聞記者に記録を委託していた。一部の記録は散逸してしまったために、1970年代くらいまでの二軍記録は、完全には残っていない。当時のスポーツ新聞に一部の記録が掲載されている程度だ。筆者の友人の松井正さんは、サラリーマンの傍ら、国立国会図書館に通い、古いスポーツ新聞を閲覧して二軍記録の集計を続けている。

筆者は2015年に『巨人軍の巨人　馬場正平』（イースト・プレス）という本を出し、主として巨人時代の馬場正平（ジャイアント馬場）について書いた。馬場は自伝で「1956年には二軍で12勝1敗、翌1957年に13勝2敗の成績を収め、2年連続二軍の最優秀投手賞を受賞した」と書いているが、前述のとおり当時の巨人が所属してい

年	レベル	試合	勝	敗	回	率
1955	二軍	2	0	0		
1956	二軍	7	2	1		
1957	一軍	3	0	1	7	1.29
	二軍	12	7	2		
1958	二軍	18	7	2		
1959	二軍	4				

二軍試合は記録が残っていないものも多いため空欄になる。

たイースタン・リーグは中断していた。馬場は巨人の練習試合の集計結果のことを言っているのかもしれないが、松井さんの調査によれば、そういう事実もないようだ。馬場の自伝には、脳下垂体手術の時期が1年ずれているなど、不正確な記述が多い。筆者は手術担当医の門下に当たる医師を取材し当時の手術記録を確認して訂正したが、ジャイアント馬場信者にはけしからぬことだったようで、Wikipediaの記述は二転三転している。

馬場正平の巨人での一軍、二軍での投手成績は、上の表の通りである。

とっくに引退した監督、コーチが試合に出ていた!?

松井正さんは『二軍史』（啓文社書房）という労作を著しているが、この本によると、選手数が不足していた1960年代には、現役を引退した二軍監督やコーチも特例で出場しても良い、という規定があった。建前上は「若手に模範となるプレーを見せるため」ということだった。

１９６8年4月5日のイースタン・リーグ東京対サンケイ戦では、東京の野手が足をねん挫したが、ベンチ入り野手が８人しかいなかったため代わりがいなかった。そこで二軍コーチだった大沢啓二、つまり後の「大沢親分」が、左翼手として出場した。大沢親分は外野守備の名手として知られ65年に引退したが、３年ぶりに〝現役復帰〟したわけだ。延長12回まで左翼の守備に就いたが、打球は飛んでこなかった。しかし打席には立ち、三ゴロ、投ゴロ、投ゴロの３打数無安打だった。

また同じくロッテの二軍投手コーチで１９６１年に引退した植村義信も69年6月２日のサンケイ対ロッテ戦で、８年ぶりに登板、８回裏一死満塁のピンチにマウンドに上がり、押し出しで1点を与えたものの、次打者を併殺に切って取った。

引退したコーチ、監督の二軍試合出場は、１９８3年まで認められていた。

スーパースターの二軍成績は？

一世を風靡したスーパースターは、二軍など縁がないと思われがちだが、初年度からレギュラーになったような選手でも、何試合かはファームでプレーしていることが多い。

年	球団	試	打	安	本	点	盗	打率
2013	日本ハム	9	10	1	0	0	0	0.100
2015	日本ハム	1	0	0	0	0	0	−
2017	日本ハム	1	0	0	0	0	0	−
3		11	10	1	0	0	0	0.100

年	球団	登	勝	敗	SV	回	三振	防御率
2013	日本ハム	5	0	2	0	19	22	3.32
2015	日本ハム	1	0	0	0	2	3	0.00
2017	日本ハム	1	0	0	0	1	2	9.00
3		7	0	2	0	22	27	3.27

今を時めく大谷翔平の日本ハムでの投打の二軍記録はこうなっている（上の表。上が打者、下が投手）。

２０１２年にドラフト１位で日本ハムに入団した大谷翔平は、１年目の開幕は8番右翼手でスタメン出場。２安打を放った。当初は一軍では野手として出場、その傍ら一軍登録のまま4月11日のイースタン・リーグ、ロッテ戦で先発し4回自責点2で負け投手。

チームは一軍では外野手、二軍では投手で経験を積ませる予定だったが、２日後の4月13日の一軍オリックス戦で右足首をねん挫して登録抹消となり、二軍で二刀流としてプレー。二塁打を１本打っている。５月４日に一軍再昇格し、以後は一軍でも二刀流となった。翌年以降は２０１５年と17年に各１試合調整登板をしただけだった。

次に山本由伸の二軍投手成績（次頁）。２０２４年ドジ

年	球団	登	勝	敗	SV	回	三振	防御率
2017	オリックス	8	2	0	0	33.2	28	0.27
2018	オリックス	6	2	0	0	24	23	0.38
2019	オリックス	1	0	1	0	6	6	3.00
2023	オリックス	1	1	0	0	7	7	0.00
4		16	5	1	0	70.2	64	0.51

ャースに移籍して大谷の同僚になった山本由伸は、2017年に都城高からドラフト4位でオリックス入り。全くの無名だったが、当時を知るアナリストは「入団時からすべてのボールが一級品だった」と言う。その言葉通り、二軍での防御率は2年連続零点台と抜群の成績を挙げた。2018年までは一軍では救援投手だったが2019年に先発に転向。2021年から3年連続沢村賞、MVP。チーム3連覇の立役者となった。2019年以降は2試合調整登板があっただけだ。

もうひとり、田中将大の二軍成績である（次頁）。早稲田実業の斎藤佑樹（早稲田大‐日本ハム）と共に甲子園を沸かせた田中将大は、2006年駒大苫小牧高からドラフト1位で楽天に入団。1年目から一度もファームを経験することなく、パ・リーグのエースに駆け上がった。2012年4月に腰痛で登録抹消され、初めて二軍のマウンドを踏んだが、田中のファーム成績はこの1試合だけだった。

しかしヤンキースを経て2021年に楽天に復帰後、23年オフに

年	球団	登	勝	敗	SV	回	三振	防御率
2012	楽天	1	0	0	0	4	6	0.00
2024	楽天	5	0	2	0	23	19	3.91
2		6	0	2	0	27	25	3.33

右肘関節鏡視下クリーニング術を受ける。このため24年は二軍スタートとなり、5試合を投げている。成績も今一つ。一軍では1試合のみの登板（1敗）だったが、プロ入りからほとんど縁がなかった二軍のマウンドに上がり続けることで、35歳になった田中は自身の衰えを実感したのではないか。25年は巨人で再起を期すが、何試合かは二軍のマウンドに上がることがあるかもしれない。

大選手たちの二軍成績

前述のようにＮＰＢのファームは１９５０年代に誕生した。発足当時は試合数も各20試合から30試合と少なかった。また一軍と二軍の入れ替えも、1年に1、2度しかなく、一軍と二軍の交流は非常に少なかった。しかし、そんな中でも、球史に残る大選手たちの大部分は多かれ少なかれ、二軍戦に出場している。

金田正一の二軍投手成績は次頁。史上最多４００勝投手の金田正一が国鉄スワローズからデビューしたのは１９５０年、当時はまだ二軍の組

年	球団	登	勝	敗	SV	回	三振	防御率
1965	巨人	1	0	0		6	3	0.00

織はなかったから、二軍出場はあり得なかった。しかし１９６５年「10年選手制度（現在のＦＡ制度に似た制度）」を利用して巨人に移籍後、８月に左ひじを損傷して二軍落ち。金田は川上哲治監督に「もう治りました」と訴えるも川上監督は信用しない。それなら、と二軍でのテスト登板をすることとなり、９月４日の多摩川グラウンドでのイースタン・リーグ巨人対東映戦のダブルヘッダー第２試合に先発。16年目での初の二軍登板となった。事前に新聞が報じていたので２０００人もの観客が押し寄せたが、６回無失点の好投。二軍の中尾碩志監督は遠征中の川上監督に「金田は使えます」と電話。早速、金田は一軍に合流することとなった。金田の生涯一度の二軍登板を見た観客は「幸運」だったと言えよう。

次に野村克也の二軍打撃成績（次頁）。京都府立峰山高時代は全く無名だったが、恩師清水義一野球部長が南海の鶴岡一人監督を訪ね「野村の打撃を見てやってほしい」と懇願。鶴岡監督は「カベ（ブルペン捕手）なら使えるやろう」と野村を採用した。

しかしとってみると肩が弱く、捕手では使えないとなり、１年目、関西フ

年	球団	試	打	安	本	点	盗	打率
1954前	南海	17	51	13	1	5	3	0.255
1954後	南海	12	21	3	0	1	1	0.143
1955	南海	24	78	25	1	7	2	0.321
1956	南海	1	1	1	0	3	0	1.000
3		54	151	42	2	16	6	0.278

ァームリーグ（前後期制）ではほとんど一塁手として出場した。しかし打撃成績は平凡だったため、1954年オフに解雇が決定したが「クビなら南海電車に飛び込みます」とまで言って残留が決まる。2年目の1955年にはウエスタン・リーグができたが、野村はこの年も一塁手で出場、打率はリーグ2位の.321を記録。ただこの年は一軍出場はなかった。翌56年2月のハワイキャンプには「カベ」として連れて行ってもらう。選手が「憧れのハワイ」に浮かれる中、野村だけは「今日は何個ボールを失いました」と鶴岡監督に律義に報告をして、人柄を認められる。キャンプ帰りの空港で鶴岡監督は報道陣に「キャンプの収穫は野村だけや」と語った。この56年に正捕手の座をつかみ、戦後初の三冠王、史上2位の657本塁打など大捕手への道を歩み始めたのだ。

王貞治の二軍打撃成績（次頁）。1957年春、早稲田実業の左腕エースとして甲子園の優勝投手となった王貞治だが、1959年に巨人入りすると春季キャンプ中に一塁手に転向した。しかし開幕後

年	球団	試	打	安	本	点	盗	打率
1959	巨人	1	3	1	0	0	0	0.333

※非公式戦

は全くの不振で「王、王、三振王」と言われる始末。チームは何とか自信を付けさせたかったが、この年、イースタン・リーグは休止中。5月29日に多摩川グラウンドで行われた大映との非公式戦に王をスタメン出場させ、3打数1安打（二塁打）。これが唯一の「二軍成績（非公式）」となった。

落合博満は史上最多、3度の三冠王に輝く大打者だが、東洋大を中退し、東芝府中から1978年ドラフト3位でロッテに入団。すでに25歳という遅いプロデビューだった。

1年目の1979年は二軍スタート。4月17日、後楽園球場のイースタン・リーグ巨人戦では、同期入団でデビュー戦だった江川卓を攻略し2安打2打点。好成績を挙げて5月29日の南海戦で一軍に昇格。ただ一軍では2本塁打、打率.234と今一つの成績だった。

2年目に期待がかかったが、オープン戦で左足首を故障して二軍スタートとなる。しかし5月31日の巨人戦から6月7日の日本ハム戦まで5試合連続本塁打。さらに成績を上げて後半戦に一軍昇格。二度と二軍に戻ることはなかった（次頁）。

年	球団	試	打	安	本	点	盗	打率
1979	ロッテ	51	203	66	8	40	2	0.325
1980	ロッテ	34	122	46	11	34	7	0.377
2		85	325	112	19	74	9	0.345

全く二軍に縁がなかった選手

ごく少数だが、二軍での出場記録が全くない選手がいる。

2000本安打以上でいえば、張本勲、長嶋茂雄、川上哲治の3人。川上はまだ二軍がなかった戦前の1938年のデビューだが、張本、長嶋の時代には二軍が存在した。しかし、張本も長嶋も1年目の開幕からスタメンに名を連ね、以後も順調に成績を挙げたから二軍とは縁がなかったのだ。

200勝以上の投手では、戦前デビューのスタルヒン、別所毅彦、野口二郎を除くと、阪急の長身左腕エースだった梶本隆夫、阪神のエース村山実、中日のエース杉下茂が二軍知らずだった。ともに1年目から先発投手として活躍している。

今は非公式戦ながら三軍、四軍も独立リーグなどとリーグ戦を組んでいる。そこまで含めれば、ファームの記録は今後も積み上がっていく一方である。

ファーム三冠王							一軍通算記録				
年	選手	球団	リーグ	打率	本塁打	打点	打率	安打	本塁打	打点	
1977	庄司智久	巨人	イースタン	0.344	10	54	0.250	532	44	197	※
1997	J. ボニチ	オリックス	ウエスタン	0.338	15	58	0.000	0	0	0	▲
2000	C. ポール	西武	イースタン	0.353	21	69	0.251	77	16	47	
2001				0.352	27	95					
2007	迎祐一郎	サーパス	ウエスタン	0.342	14	62	0.196	100	10	40	◎
2018	A. メヒア	広島	ウエスタン	0.337	20	59	0.237	79	12	29	

※庄司は46盗塁で盗塁王も獲得
▲97年のボニチは規定打席未達だが、不足分の打席を凡打として加算し首位打者と認定
◎「サーパス（神戸）」は2000〜05年のオリックスファームのチーム名称

二軍の三冠王は出世しない？

これまでNPBの二軍での三冠王は5人、6例ある。2001年のコーリー・ポールの27本塁打、95打点は2009年以前の記録としては最多だった。しかし、この5人のうち、一軍で一度でも規定打席に到達したのは、庄司だけ（ロッテ移籍後の1981年に規定打席到達）。オリックスのジェームス・ボニチは2年在籍して18打数0安打だった。

ファームでは調子のよい選手、一軍で使える、と判断された選手はどんどん昇格する。その選から漏れて、二軍の規定打席に到達する選手は、三冠王といえども、どこか「使いにくい」部分があったのかもしれない。「二軍の名選手」の難しさをしみじみ感じる。

コラム・ワンポイントリリーフ⑤

川相昌弘の「通算犠打数世界一」は大記録なのか？

2025年の日本野球殿堂入り投票では、イチローが得票率92・6％、岩瀬仁紀が88・3％で殿堂入りを果たした。殿堂入り基準の75％には達しなかったが、3位には元巨人、中日の川相昌弘が得票率60・5％で続いた。川相は次年度も殿堂入り候補として残るため、今後、殿堂入りする可能性がある。

川相は1984年から2003年まで巨人、2004年から06年まで中日でプレーし、23年の実働期間で1909試合に出場しているが、規定打席に到達したのは7回だけ、通算安打数は1199安打にすぎない。数字だけ見ればとても「殿堂入り」する選手ではない。

なぜ、川相の評価がこれほど高いのか。それは川相の犠打数533が、MLB最多のエディ・コリンズの犠打数512を抜いて「世界一」だと言われているからだ。

次頁の表は、NPBとMLBの通算犠打数の10傑である。確かに、川相の記録は

NPB			MLB		
位	選手	犠打	位	選手	犠打
1	川相昌弘	533	1	E. コリンズ*	512
2	平野謙	451	2	J. ダウバート	392
3	宮本慎也	408	3	S. マキニス	383
4	今宮健太	395	4	W. キーラー*	366
5	菊池涼介	353	5	D.ブッシュ	337
6	伊東勤*	305	6	R. チャプマン	334
7	田中浩康	302	7	B. ワンブスガンス	323
8	新井宏昌	300	8	R. ペッキンポー	314
9	細川亨	296	9	L. ガードナー	311
10	金子誠	292	10	T. スピーカー*	309

＊殿堂入り

ＭＬＢのコリンズの記録を上回っている。しかし、ＭＬＢ犠打数１位のエディ・コリンズが活躍した１９０６年から１９３０年、ＭＬＢは犠飛（犠牲フライ）を犠打に含めていた。犠打だけの数字はわからないのだ。

また犠打は、多くは「ベンチのサイン」で仕掛ける。川相のバント能力が高かったのは間違いないが、ベンチがバントのサインを出さなければ犠打は稼げない。コリンズも殿堂入りしているが、これは通算３３１５安打、「20世紀最高の二塁手」と言われた総合成績によるものだ。今も「川相は世界記録を作ったのだから殿堂入りすべきだ」という人は専門家にもいるが、記録の「中身」にもう一歩踏み込んで考えるべきではないか、と思う。

第6章　記録で実感する「日米格差」

毎年のように、ＮＰＢからＭＬＢに移籍する選手が複数出るようになった昨今である。記録面でもいろいろな比較ができるようになった。「ＷＢＣで優勝したんだから日本の野球が世界一だ」という人もいるが、記録面で見ると日米の格差はものすごく大きい。

ここでは最新の「スタットキャスト」をはじめとするデータで、ＮＰＢとＭＬＢでは選手の能力にどんな差があるのか、また、どんな選手が通用して、どんな選手が難しいのか、について考えてみたい。

6－1　スタットキャストから見えるＭＬＢ打者のランキング

「スタットキャスト（Statcast）」とは、ＭＬＢ機構が、各選手の投打、守備のパフォーマンスを計測し、これをデータ化して、オンタイムで公表しているシステムのことだ。

スタットキャストのものすごさ

このシステムの前身は、2006年オフシーズンに公開された試合中の投球データをオンタイムで表示するPITCHf/xだ。球場に設置した3つのカメラがとらえた映像をコンピュータ上で解析し、球の初速、終速、回転軸の角度、変化の量といったデータを瞬時に導き出す。MLB公式サイトの試合速報「GAMEDAY」でほぼ毎試合公開された。

2015年、MLBはPITCHf/xに代わってスタットキャストを導入。スタットキャストは、ミサイルの追尾システムを応用した弾道測定器「トラックマン」と、複数の光学カメラを組み合わせた画像解析システム「トラキャブ」によって、試合中の選手の動きやボールの位置・方向・速度などのデータを瞬時に記録するものだ。スタットキャストは投球、打撃、守備に関するボール、選手の動きを記録することができる。さらにそれらの膨大なデータを瞬時に分析、数値化する。スタットキャストの導入によって、選手の試合での投打のパフォーマンスは、オンタイムで把握できるようになった。

データはMLBの試合中にGAMEDAYなどで発信される。またMLBの公式サイトでは、スタットキャストで計測した投手、打者のデータを集計してランキングされている。

スタットキャストの中核をなすトラッキングシステムは、2020年「トラックマン」から「ホークアイ」に切り替わった。「ホークアイ」は球場内に設置した複数台のカメラの画像をもとに解析する。データの精度が高くなるうえに、従来のシステムでは取れなかった守備成績も記録できる。さらに選手の関節情報も録ることができるので、投打守のバイオメカニクス的なデータも記録することが可能になった。

MLBの公式サイトの「スタットキャスト」のページには、全選手の投打のパフォーマンスが、詳細なデータで公開されている。シーズン中は日々更新されているが、このデータを見ると、個々の選手の成績を見なくても、その選手のレベル、さらにはポテンシャルがある程度把握できるようになっている。

様々なデータがある中で、打者で最も重要なのは、打球速度、とりわけ打球の初速スピード（Exit Velocity）だ。この数値の最高速（MAX）は、このシーズンの選手のパフォーマンス、そしてポテンシャルを端的に表している。

このデータが公開される以前、MLBでは各打者の打球の飛ぶ方向を予測して予め守備位置を移動する「極端な守備シフト」が流行していた。2015年、ヒューストン・アストロズは「それなら野手の頭を越す長打、本塁打を打てばよい」とフライを打ち上げ始めた。この年から公開されたスタットキャストによれば打球速度が時速158キロ以上、打球角度が26度～30度で上がった打球が最もヒットやホームランになりやすいとされ、この領域を「バレルゾーン」と名付けた。この変革を「フライボール革命」というが、この項で紹介する初速スピードMAXのランキングは、「フライボール革命」の申し子たちのランキングということもできる。

2015年以降のBBE100以上（100本以上の打球を計測可能なエリアに飛ばした）の打者のランキングを見ていく。ベスト5と日本人選手の記録、その順位、そしてそのシーズンの本塁打、打率、OPSである。両リーグの1位記録は太字にしてグレー地で色を付けた。

注：チーム名はMIA＝マーリンズ、SEA＝マリナーズ、LAA＝エンゼルス、COL＝ロッキーズ、BOS＝レッドソックス、SF＝ジャイアンツ、ATL＝ブレーブス、BAL＝オリオールズ、TEX＝レンジャーズ、NYY＝ヤンキース、WSH＝ナショナルズ、KC＝ロイヤルズ、CWS＝ホワイトソックス、TOR＝ブルージェイズ、NYM＝メッツ、CIN＝レッズ、

2015年と16年

位	2015年392人	球団	MAX.V	本	打率	OPS
1	G. スタントン	MIA	193.60	27	0.265	0.952
2	N. クルーズ	SEA	191.51	44	0.302	0.936
3	M. トラウト	LAA	189.41	41	0.299	**0.991**
4	C. ゴンザレス	COL	188.45	40	0.271	0.864
5	H. ラミレス	BOS	187.64	19	0.249	0.717
327	イチロー	MIA	172.03	1	0.229	0.561
367	青木宣親	SF	168.82	5	0.287	0.733

位	2016年392人	球団	MAX.V	本	打率	OPS
1	G. スタントン	MIA	193.28	27	0.240	0.815
2	T. フラワーズ	ATL	190.70	8	0.270	0.777
3	C. コレア	HOU	190.22	20	0.274	0.811
4	C. ゴンザレス	COL	189.90	25	0.298	0.855
5	N. マザラ	TEX	189.58	20	0.266	0.739
356	イチロー	MIA	169.78	1	0.291	0.730
367	青木宣親	SEA	168.65	4	0.283	0.738

日本人選手　タイトル（太字）

CHC＝カブス、ARI＝ダイヤモンドバックス、TB＝レイズ、PIT＝パイレーツ、MIL＝ブルワーズ、LAD＝ドジャース、HOU＝アストロズ、SD＝パドレス

2015年からこのデータの公開が始まったが、当時から今に至るまで、常にこの数値のトップクラスにはジャンカルロ・スタントンが君臨している。当時マーリンズ、のちヤンキース、まさにポテンシャルだけなら「最強の打者」だと言える。

マイク・トラウトはOPS1位、この選手も5位には入らなくとも、大体10位以内に着けている。この年42歳の

2017年と18年

位	2017年387人	球団	MAX.V	本	打率	OPS
1	G. スタントン	MIA	196.66	**59**	0.281	1.007
2	A. ジャッジ	NYY	194.89	**52**	0.284	1.049
3	M. トランボ	BAL	190.70	23	0.234	0.686
4	A. リンド	WSH	190.38	14	0.303	0.875
5	E. ホスマー	KC	189.90	25	0.318	0.882
317	青木宣親	3球団	171.55	5	0.277	0.728
366	イチロー	MIA	167.69	3	0.255	0.649

位	2018年390人	球団	MAX.V	本	打率	OPS
1	G. スタントン	NYY	195.85	38	0.266	0.852
2	G. サンチェス	NYY	194.89	18	0.186	0.697
3	A. ジャッジ	NYY	192.96	27	0.278	0.919
4	D. パルカ	CWS	190.54	27	0.240	0.778
5	C. ゴンザレス	COL	190.38	16	0.276	0.796
54	大谷翔平	LAA	183.30	22	0.285	0.925

▩日本人選手　▩タイトル（太字）

マーリンズ、イチローは392人中327位。もともとスイングスピードで勝負する選手ではなかったが、この数値は極めて低い。33歳の青木も同タイプ。本塁打数は当然ながら少ない。

スタントンは2018年にヤンキースに移籍したが、相変わらず最強だ。2017年はスタントン、ジャッジと言う「フライボール革命のトップランナー」が両リーグの本塁打王を分け合ったと言う点で、歴史的な年だと言える。イチローはこの年を最後にBBEが100を切ってランキングから消え、2019年に引退する。

2019年と20年

位	2019年406人	球団	MAX.V	本	打率	OPS
1	V. ゲレーロ Jr.	TOR	191.35	15	0.272	0.772
2	P. アロンソ	NYM	190.38	**53**	0.260	0.941
3	G. サンチェス	NYY	190.38	34	0.232	0.841
4	A. アキーノ	CIN	190.38	19	0.259	0.891
5	A. ジャッジ	NYY	190.06	27	0.272	0.921
27	大谷翔平	LAA	185.23	18	0.286	0.848

位	2020年194人	球団	MAX.V	本	打率	OPS
1	P. アロンソ	NYM	190.54	16	0.231	0.817
2	R. デバース	BOS	187.81	11	0.263	0.793
3	V. ゲレーロ Jr.	TOR	186.84	9	0.262	0.791
4	J. バエズ	CHC	186.68	8	0.203	0.599
5	K. マルテ	ARI	186.52	2	0.287	0.732
50	大谷翔平	LAA	180.08	7	0.190	0.657
135	筒香嘉智	TB	175.25	8	0.197	0.708
190	秋山翔悟	CIN	167.37	0	0.245	0.654

■日本人選手　■タイトル（太字）

そして2018年には日本ハムから大谷がエンゼルスに入団する。1年目から打球速度は390人中54位、イチローや青木とは異次元のスイングをしていたことがわかる。ただ、このレベルでは「上の方」と言うだけだ。

2019年、スタントンは故障で試合出場が減少、しばらく名前が消える。代わってゲレーロJr.の名前が出てくる。2019年の4位、アキーノはのち中日ドラゴンズでプレーした。抜群のスイングスピードを持っていてもそれをMLBで活かせない選手もいるのだ。

2018年オフ、大谷はトミー・ジ

ヨン手術を受ける。

そして２０２０年は新型コロナ禍のため、試合数が60試合に短縮され、BBE100をクリアした選手も１９４人に減る。トレーニングが十分にできなかったか、大谷は打球速度を落とし、打撃成績も最低となった。

この年、筒香と秋山がＭＬＢに移籍したが、打球速度は下位。特に秋山は最低レベルで、結果的にＭＬＢでは１本も本塁打を打てなかった。

２０２１年は、大谷にとっては劇的な飛躍の年になった。２０２０年オフに、大谷は最先端のトレーニング施設である「ドライブライン」を初めて訪問。打球速度を上げるためのトレーニングを徹底的に行ったことで、このランキングは一挙に4位にまで急上昇。この年復活したスタントン、ジャッジらとともにトップクラスになる。「二刀流」もあって1回目のＭＶＰを受賞。そして本塁打も劇的に増えた。秋山はこの年限りでＮＰＢに復帰。

２０２２年には大谷は引き続き進化し、3位にまで浮上。この年に大谷と同い年の鈴木誠也がＭＬＢに挑戦するが、打球速度は「中の上」という感じだった。

2021年と22年

位	2021年404人	球団	MAX.V	本	打率	OPS
1	G. スタントン	NYY	196.66	35	0.273	0.870
2	M. マチャド	SD	192.47	28	0.278	0.836
3	A. ジャッジ	NYY	191.51	39	0.287	0.916
4	大谷翔平	LAA	191.51	46	0.257	0.965
5	P. アロンソ	NYM	190.54	37	0.262	0.863
170	筒香嘉智	3 球団	178.79	8	0.217	0.689
332	秋山翔悟	CIN	173.80	0	0.204	0.535

位	2022年411人	球団	MAX.V	本	打率	OPS
1	O. クルーズ	PIT	196.98	17	0.233	0.744
2	G. スタントン	NYY	192.79	31	0.211	0.759
3	大谷翔平	LAA	191.67	34	0.273	0.875
4	V. ゲレーロ Jr.	TOR	190.54	32	0.274	0.818
5	A. ジャッジ	NYY	190.54	**62**	0.311	**1.111**
152	鈴木誠也	CHC	179.12	14	0.262	0.770
354	筒香嘉智	PIT	172.84	2	0.171	0.478

■日本人選手　■タイトル(太字)

2023年大谷は引き続き、打球速度は5位をキープ。初の本塁打王、OPS1位に輝き2回目のMVPを受賞。しかし2回目の右ひじ靱帯再建手術（トミー・ジョン手術＋インターナルブレース装着手術）を受ける。鈴木誠也が前年の152位から35位と躍進している。成績もそれに伴い、主力打者の数字になった。オリックスから移籍した吉田の1年目は打球速度も成績も「中の上」クラス。しかし守備の評価が極めて低く、DH専任のため厳しい立場だ。

2024年、ドジャースに移籍した大谷は、打者一本で勝負し、史上初の

2023年と24年

位	2023年403人	球団	MAX.V	本	打率	OPS
1	R. アクーニャ Jr.	ATL	195.05	41	0.337	**1.012**
2	G. スタントン	NYY	192.31	24	0.191	0.695
3	E. デラクルーズ	CIN	191.83	13	0.235	0.710
4	M. オルソン	ATL	190.86	**54**	0.283	0.993
5	大谷翔平	LAA	190.86	**44**	0.304	**1.066**
35	鈴木誠也	CHC	184.43	20	0.285	0.842
116	吉田正尚	BOS	180.72	15	0.289	0.783

位	2024年405人	球団	MAX.V	本	打率	OPS
1	O. クルーズ	PIT	195.53	21	0.259	0.773
2	G. スタントン	NYY	193.12	27	0.233	0.773
3	大谷翔平	LAD	191.83	**54**	0.310	**1.036**
4	W. コントレラス	MIL	190.06	23	0.281	0.831
5	V. ゲレーロ Jr.	TOR	189.25	30	0.323	0.940
24	鈴木誠也	CHC	185.87	21	0.283	0.848
154	吉田正尚	BOS	178.79	10	0.280	0.765

日本人選手　タイトル（太字）

50-50（50本塁打50盗塁）を達成したが、打球速度もトップクラスを維持した。鈴木はまた順位を上げ、トップクラスに近付いている。しかし吉田は伸び悩んでいる。

トップのオニール・クルーズは2022年にも1位だったが、強烈な打球速度を成績に結びつけることができないでいる。そういう選手もいると言うことだ。

「打球速度がなければ、話にならない」

スタットキャストが公表されて以降「打球速度」が打者の絶対的な指標になったので、かつてのホセ・アルトゥーべや、大谷の同僚のムーキー・ベッツのように、打球速度もそこそこ上位だが、出塁率の高さや守備力でも貢献するような「バランスの良い選手」の影がやや薄くなった感がある。

しかしMLBでは「打球速度が速くなければ、話にならない」のは厳然たる事実だ。2023年の第5回WBCでは、バンテリンドームや京セラドームでの打撃練習で、大谷翔平がけた外れの大飛球を連発して周囲を驚かせた。この時の、バッティングケージの後ろで大谷の打撃を見ていたヤクルトの村上宗隆が、アナリストから打球速度を聞いて色を失ったのはよく知られた話だ。村上の打球速度は180km/hを超え、NPBでは巨人の岡本和真と共にトップクラスだと言われているが、ここで紹介した通り180km/hそこそこでは、今のMLBではせいぜい「中の上」クラスであり、大谷のような活躍は「無理」ということになる。また村上と岡本はともに「内野手」だが、人工芝のNPBで守っていた日本の内野手は、MLBでは通用しないのが通り相場となっている。

2026年には村上も岡本もMLBに挑戦すると言われているが、それまでに少しでも打球速度を上げることができるだろうか？　鈴木誠也はアメリカに来てから、肉体改造をして、必死に打球速度を上げているが、同様の努力を2人の日本のスラッガーはすることができるのか？

「スーパーサイヤ人」になれないと

ここからは私見ではあるが。率直に言って、今のＭＬＢの「打球速度」本位主義を考えれば、ＮＰＢ的な「強打者」はＭＬＢに挑戦しない方がいいと思う。ＮＰＢにとどまれば２０００本安打、１０００打点、複数回のＭＶＰなど多くの栄誉に恵まれ、名選手、殿堂入りの道が開けるが、ＭＬＢに行って、大谷のような活躍をするのは「大谷でなければ」難しいのではないか。例えば、日本ハムの万波中正のように、バランスは悪くとも身体能力に開発の余地があるような「素材タイプ」が、20代半ばで海を渡って、アメリカで「スーパーサイヤ人」になれば、飛躍の道はあるだろうが。最近、花巻東高からスタンフォード大に進んだ佐々木麟太郎や、東京の桐朋高を出てアスレチックスとマイナー契約した森井翔太郎のように、ＮＰＢを経由しない選手も出てきているが、こうした流れはさらに加速するのではないか。

日米の野球は、経済格差で絶望的な差がついているが、その経済力の差が「競技そのものの差」になりつつある。そんな感想を持っている。

6－2　打者、投手はＭＬＢでどれだけ「小型化」するのか

例外は少数いるにしてもＮＰＢからＭＬＢに移籍した選手は、投手も野手も成績が悪化する。それは間違いない。つまり、その数字の「差分」こそが、ＮＰＢとＭＬＢの「格差」なのだが、その数字の「下がり方」は、投打でも記録ごとでもばらつきがある。そのあたりを見ていこう。

まずは打者、ＮＰＢとＭＬＢではどこまで数字が変化するか。ＭＬＢで１００試合以上出場した日本人打者の打率、本塁打率、ＯＰＳがどう変化したかを見てみる。

なお、以前同じデータをあるメディアで出したときはＮＰＢの成績は「移籍前」の数字だけで見ていたが、今回はＭＬＢからＮＰＢに復帰後の数字も含めた。その選手のポテンシャル全体で比較すべきではないか、と考えを改めたからだ。

ＮＰＢからＭＬＢに移籍した打者の数値の比較を次頁に示す。

ＭＬＢの出場試合数順では、大谷翔平は２０２４年終了時点で早くも日本人選手３位の８６０試合に出場している。

選手	NPB			MLB					
	打率	本塁打率	OPS	打率	比率	本塁打率	比率	OPS	比率
イチロー	0.353	0.033	0.943	0.311	88.1%	0.012	36.4%	0.757	80.3%
松井秀喜	0.304	0.073	0.996	0.282	92.8%	0.039	53.4%	0.822	82.5%
大谷翔平	0.286	0.046	0.859	0.282	98.6%	0.072	156.5%	0.945	110.0%
青木宣親	0.313	0.066	0.922	0.285	91.1%	0.012	18.2%	0.738	80.0%
田口壮	0.276	0.016	0.716	0.279	101.1%	0.014	87.5%	0.717	100.1%
松井稼頭央	0.291	0.028	0.794	0.267	91.8%	0.014	50.0%	0.701	88.3%
福留孝介	0.286	0.042	0.865	0.258	90.2%	0.022	52.4%	0.754	87.2%
井口資仁	0.270	0.039	0.808	0.268	99.3%	0.024	61.5%	0.739	91.5%
城島健司	0.296	0.051	0.863	0.268	90.5%	0.030	58.8%	0.721	83.5%
岩村明憲	0.290	0.048	0.851	0.267	92.1%	0.010	20.8%	0.720	84.6%
鈴木誠也	0.315	0.061	0.985	0.278	88.3%	0.039	63.9%	0.824	83.7%
新庄剛志	0.254	0.040	0.737	0.245	96.5%	0.023	57.5%	0.668	90.6%
川﨑宗則	0.292	0.006	0.720	0.237	81.2%	0.002	33.3%	0.609	84.6%
吉田正尚	0.327	0.049	0.960	0.285	87.2%	0.027	55.1%	0.775	80.7%
筒香嘉智	0.281	0.059	0.901	0.197	70.1%	0.032	54.2%	0.630	69.9%
秋山翔吾	0.297	0.022	0.804	0.224	75.4%	0.000	0.0%	0.594	73.9%
					89.6%		53.7%		85.7%

打率では、田口壮を除く全員が、数字を落としている。田口は、もともとNPBでも2番、あるいは6、7番打者であって、強打者と言う印象はなかった。そのままMLBでもスライドして外野のスーパーサブのような起用をされたから、数字に大きな変動はなかったが、他の選手はNPB史上最高の安打製造機、アベレージヒッターだったイチローも含めて軒並み数字を落としている。平均すれば89%程度になっている。

しかし本塁打率の下落は、打率のレベルではない。多くの打者が、まるで違う世界に来たように軒並み数字を大下落させている。平均すれば54％ほど。NPBではスラッガー、強打者と言われた打者が「並みの打者」「中距離打者」になってしまう。井口や岩村などNPB時代は3番を打っていた打者が、MLBで最強打者の打順になる前の2番や6番を打つのを見て、NPBとMLBの違いを実感したものだ。

しかし、そんな中で大谷翔平だけが156・5％と恐ろしい数字を叩きだしている。ほぼすべての打者が、NPBからMLBに来て「小型化」する中で、大谷だけは「巨大化」しているのだ。ある種、この数字は他の打者と懸絶しすぎて「絶望的」でさえある。

長打率と出塁率の和であるOPSは、簡単な数式ながら、打者の総合指標として信頼性が高いが、このOPSでも多くの打者が軒並み数字を落としている中、田口壮が現状維持、そして大谷翔平だけが10％のアップを記録している。

このデータから見えるのは、こと打者については、NPBで大した成績を挙げられなかった選手がMLBにきて「大化け」することはまずないと言うことだ。

この表にはないが、日本ハムの田中賢介やロッテの西岡剛がMLBに挑戦したが、打撃はもとより守備でも全く通用しなかった。打者でMLBでの活躍を夢見るのなら、NPBでは一流では足りず「超一流」の成績を残すべきだ。NPBでの数字がMLBで

投手	NPB			MLB					
	防御率	H9	HR9	防御率	比率	H9	比率	HR9	比率
野茂英雄	3.15	6.82	0.71	4.24	134.6%	8.05	118.0%	1.14	160.6%
ダルビッシュ有	1.99	6.50	0.41	3.58	179.9%	7.35	113.1%	1.14	278.0%
黒田博樹	3.55	8.97	0.91	3.45	97.2%	8.56	95.4%	0.88	96.7%
田中将大	2.67	8.28	0.58	3.74	140.1%	8.39	101.3%	1.36	234.5%
前田健太	2.39	7.53	0.58	4.17	174.5%	7.95	105.6%	1.30	224.1%
菊池雄星	2.77	7.21	0.65	4.57	165.0%	8.96	124.3%	1.57	241.5%
岩隈久志	3.25	8.84	0.64	3.42	105.2%	8.40	95.0%	1.17	182.8%
松坂大輔	3.04	7.17	0.72	4.45	146.4%	8.21	114.5%	0.97	134.7%
吉井理人	3.86	9.39	0.91	4.62	119.7%	9.57	101.9%	1.33	146.2%
石井一久	3.63	7.83	0.89	4.44	122.3%	8.11	103.6%	1.12	125.8%
大谷翔平	2.69	6.36	0.40	3.01	111.9%	6.50	102.2%	0.99	247.5%
伊良部秀輝	3.55	7.95	0.76	5.15	145.1%	9.58	120.5%	1.59	209.2%
川上憲伸	3.24	8.46	0.92	4.32	133.3%	9.27	109.6%	0.92	100.0%
					136.5%		108.1%		183%
大家友和	5.23	10.50	1.11	4.26	81.5%	9.94	94.7%	1.18	106.3%
マック鈴木	7.53	11.43	1.61	5.72	76.0%	9.68	84.7%	1.29	80.1%

「目減り」してもなお、一流のレベルになるくらいの実績が必要なのだ。

次にNPBからMLBに移籍した投手の数値の比較を見てみよう（上の表）。MLBで先発として40試合以上登板した選手とした。NPBでは実績がなくて、マイナー契約からMLBに這い上がった大家友和、マック鈴木は背景が違うので別枠にした。

防御率、H9＝9イニング当たりの被安打数、HR9＝9イニング当たりの被本塁打数の3つの指標で比較した。これも打者同様、NPBの成績はMLBからNPBに復帰した後も含めた全期間とした。

この比率は、打者とは反対で、比率の％が100％を超えると「悪化」していることになる。

NPBより明らかに「打高」なMLBに挑戦した投手は軒並み防御率を悪化させている。しかもちょっとやそっとの悪化ではない。大家とマック鈴木を除く13人の平均では137％程度である。NPB時代は1点台の抜群の防御率を誇ったダルビッシュでもMLBでは3点台後半になっている。

被安打数。筆者はセイバーメトリクス的には「安打は運の産物」と紹介してきたが、被安打の数値も軒並み悪化している。13人の平均は108％だ。これは「打球速度」が関係しているだろう、NPBでは凡打になる打球が、打球速度の速いMLBでは野手の間を抜けて安打になるのだ。

そして最も数字が悪化しているのが被本塁打数。平均では183％。ほぼ倍増している。NPBとMLBの最大の違いは「本塁打」だ。「フライボール革命」以降、打球速度が大幅に増加し、中軸打者だけでなく、下位打者も含めていつもオーバーフェンスを狙っている。NPBでは一発を食らうことがめったになかったエースたちも、MLBでは一発の洗礼に見舞われるのだ。

黒田博樹のすごさ

しかしこの数値でわかるように、唯一、黒田博樹は3つの数値すべて、NPB時代よりMLBの方が良くなっている。

筆者は黒田がドジャース、ヤンキースで投げるのをMLB公式サイトの GAMEDAY を追いかけながら見ていた。黒田はNPB時代は速球主体でフォークで仕留めるタイプの投手だったが、MLBでは動く速球であるシンカー（ツーシーム）を武器にしていた。右打者の内角をぐっとえぐるシンカーはとりわけ効果的だった。また、黒田はMLBでも抜群の制球力があった。

打者同様、NPBからMLBに移籍した投手は、軒並み数字を落とすが、黒田だけがはっきり「進化」したと言えよう。ドジャース時代に、若きエースのクレイトン・カーショウから受けたアドバイスが有効だったようだが、これも稀有な例だ。

投手大谷翔平は、他のNPBのエース級と同様、MLBでは軒並み数字を落としている。数字的には投手としては「進化」も「大型化」もしていない。しかし、NPBでは圧倒的な投手だったので、MLBで数字が目減りしても一級品の成績を残していると言うことができる。それでも打者として「超一級」で、投手としても「一級品」なのだから、これは本当に異能だと言える。

この数字から見えるのは、NPBで抜群の成績を挙げたエース級の投手は、概ねMLBでもローテーションの2番手、3番手として通用する、ということだ。投手については日米で「為替レート」が成立していると言ういい方ができよう。

6-3 メジャーで通用する投手、しない投手

2024年は、DeNAの今永昇太、オリックスの山本由伸、日本ハムの上沢直之と言う3人の投手がMLBに挑戦した。ともに2023年はNPBでローテーションを維持し、エース級の働きをした投手たちだ。

しかしこの3人の2024年は、残酷な「格差」を生む結果となった。今永はカブスでシーズン通じてほぼローテを維持し、二けた勝利。ドジャースで大谷翔平の同僚となった山本はシーズン途中に故障で負傷者リスト（IL）に入ったが、復帰後はローテを維持し、ワールドシリーズでは快投を見せて、一級品の先発投手と言う評価を得た。し

かし上沢はメジャー契約さえ勝ち取ることができず、キャンプ招待選手としてレイズのキャンプに参加するがメジャー昇格を果たせず、オプトアウト（契約破棄）条項を利用してレッドソックスに移籍。ここでメジャーに昇格したがわずか２試合で降格し、以後はマイナー暮らし。１年でＮＰＢに復帰した。ＮＰＢ的にはエース級の３投手だが、なぜシーズン成績でここまで大きな格差になったのか。そもそも、それ以前の問題として、なぜ上沢は今永や山本レベルの大型契約を結ぶことができなかったのか。

前項で、投手に関してはＮＰＢとＭＬＢで「為替レート」ができているといったが、それは必ずしも「単純な投手成績」によるものではなく、もっとピンポイント的ないくつかの数値に着目したもののだったようだ。

ＮＰＢ時代の成績から何を読み取るか？

２０１８年の大谷翔平以降のＮＰＢからＭＬＢに移籍した投手、および２０２４年に「ＭＬＢ挑戦」を表明した投手について、特定の数値をクローズアップして見ていく。

IP/Gは、投球回数÷登板数、大きければ大きいほどイニング数を稼げる投手だと言うことになる。BB9 は9イニング当たりの与四球、K9 は9イニング当たりの奪三振、

9を超えればパワーピッチャーといえる。K/BBは奪三振数÷与四球数。3を超えれば合格点、3・5で優秀。最速は、移籍直前のシーズンの投球の最速の数値。

有原、藤浪、上沢は「MLBでは通用しなかった」とみなしMLBでの成績をグレー地にしている。

大谷翔平以降にMLB挑戦した投手

大谷翔平は制球力は今一つだったが、K9が10を超え、球速も163km/h。K/BBは辛うじて合格点だったが、圧倒的なパワーピッチャーだったことで（もちろん二刀流でもあったが）MLBで高く評価された。

MLB				
登	勝	敗	投球回	防御率
86	38	19	481.2	3.01
166	41	47	809.2	4.57
15	3	7	60.2	7.57
30	13	7	171.2	2.99
64	7	8	79	7.18
18	7	2	90	3.00
2	0	0	4	2.25
29	15	3	173.1	2.91

菊池は荒れ球で奪三振も大したことが無かった。MLBに移籍してからも成績は上がらず苦労をしたが、右腕よりも数が少ない左腕だったこともあり、徐々に適応した。

有原はIP/Gは7に近く、MLBでいう「イニングイーター」ではあったが、MLBではう

投手	NPB											
	登	勝	敗	投球回	防御率	与四球	奪三振	IP/G	BB9	K9	K/BB	最速(km/h)
大谷翔平	85	42	15	543	2.52	200	624	6.39	3.31	10.34	3.12	163
菊池雄星*	158	73	46	1010.2	2.77	371	903	6.39	3.31	8.04	2.43	157
有原航平	172	84	62	1139.1	3.37	256	837	6.62	2.02	6.61	3.27	155
千賀滉大	224	87	44	1089	2.59	414	1252	4.86	3.42	10.35	3.02	164
藤浪晋太郎	189	57	54	994.1	3.41	459	1011	5.26	4.16	9.15	2.20	160
山本由伸	172	70	29	897	1.82	206	922	5.22	2.07	9.25	4.48	159
上沢直之	173	70	62	1118.1	3.19	349	913	6.46	2.81	7.35	2.62	151
今永昇太*	165	64	50	1002.2	3.18	280	1021	6.07	2.51	9.17	3.65	153
佐々木朗希	64	29	15	394.2	2.10	88	505	6.16	2.01	11.53	5.74	162
菅野智之	276	136	74	1857	2.43	347	1585	6.73	1.68	7.68	4.57	153
九里亜蓮	260	71	67	1260	3.49	427	944	4.85	3.05	6.74	2.21	148
小笠原慎之介*	161	46	65	951.1	3.62	308	757	5.91	2.91	7.16	2.46	153
青柳晃洋	154	61	47	898.1	3.08	299	647	5.83	3.00	6.48	2.16	148

*は左腕投手

まくいかなかった。NPBなら「打たせて取ったはずの打球」が打球速度が速いMLBでは安打になることが多かったのだ。2024年の上沢も同じタイプ。イニングイーターでK9が低く、球速も平凡だ。上沢が入団前から評価が非常に低かったのは、チームメイトでもあった有原の前例があったからではないか。同じくソフトバンクに復帰したのは皮肉ではあった。

　千賀と藤浪は、球速とK9が高く、BB9が低いと言う同じパワーピッチャータイプの投手ではあったが、藤浪はK/BBが非常に悪かった。イップスを発症したとも言われるが、明らかに調子を落としてからのMLB挑戦であり、実力を発揮できていない。

山本由伸は、NPB時代の成績は抜群で、球速もあり、すべての数値が抜群。MLBでの成功が約束されていると言っても良い。しかし彼の場合、身体が小さく、力投タイプなのでトミー・ジョン手術は不可避だと思われ、それが「いつになるか？」ではないか。今永は球速がない投手だが「技術で三振が奪える」投手であり、K/BBの数値が優秀だった。左投手でもあり、アナリストのサポートを得てMLBに移籍後、進化の跡がはっきり見えた。

これから挑戦する投手、誰が通用するのか？

2024年オフにMLB挑戦を表明した5人の投手について見ていこう。

数字だけを見れば、佐々木朗希は、山本由伸さえも上回る。球速、K9に加えBB9、K/BBも抜群だ。MLB球団が色めき立つのはわかるが、彼はMLBの中4日どころかNPBスタンダードの中6日のペースでさえ、満足に投げていない。MLB移籍後は常に「故障しなければ」という注釈がついて回るだろう。

九里は早々に海外FAでの移籍を断念し、オリックスに移籍が決まったが、数値を見ても彼は有原や上沢に似た「打たせて取る」投手だ。MLB側に照会はしただろうが、上沢同様、芳しい評価ではなかったのだと思う。

菅野智之は、評価、予測が難しい。球速、K9の数字は低く、これだけを見れば有原、上沢タイプだが、制球力が依然として優秀でK/BBは山本を上回る。そして経験の豊かさ。1年契約と言うのは、菅野、オリオールズ双方にとって「お試し」ということだが、先発3～4番手程度の成績を挙げるのではないか。小笠原と青柳は、左腕、アンダースローとそれぞれ特徴のある投手だが、数字的に見て活躍するのは難しいだろう。

このデータからわかるように、こと投手に関しては、MLBで活躍しそうなNPB投手はだいたい予測がつくようになっている。特にパワーピッチャーは、一定程度の制球力があり、三振をしっかり奪うことができれば、ほぼ間違いなくMLBでも通用する。その結果として、投手に限定すれば、実質的にNPBはMLBの「マイナーリーグ化」しているとみなすこともできる。大きな経済格差があるので、これは止められないだろうが、NPB全体、あるいは日本野球界全体で、今後の対応を考えていく必要があるだろう。

コラム・ワンポイントリリーフ⑥

「名球会」惜しい投手たち

「日本プロ野球名球会」、投手の入会資格は200勝、250セーブとなっている。いずれも日米通算も可、である。

200勝未満の投手の勝利数10傑は表の通りとなる。これに日米通算で「惜しい」2人を加えた。長谷川良平は、草創期の広島のエース。197勝に終わったが、当時は名球会もなく、200勝をあまり意識しなかった。これはあと7勝の秋山も同じ。弱い大洋のエースだった。そしてこの2人は殿堂入りしている。しかし2人とは時代が違う松岡はヤクルトのエースでありながら殿堂入りせず。名球会ができた1978年以降は「200勝」が評価基準になった印象だ。

南海のエース杉浦も200勝未達だが、1959年の38勝4敗と言う空前の成績で殿堂入り。勝利数もさることながら「投手としてどんな活躍をしたか」も重要なのだ。現役の石川雅規は、松坂世代の1学年上の45歳になるが、2025年も現役続行。NPB単独では2008年の中日、山本昌以来の200勝を目指す。

※	投手	実働	勝利数	
			NPB	MLB
3	長谷川良平	1950－1963	197	
7	秋山登	1956－1967	193	
9	松岡弘	1968－1985	191	
11	石井茂雄	1957－1979	189	
12	川崎徳次	1940－1957	188	
13	杉浦忠	1958－1970	187	
13	足立光宏	1959－1980	187	
14	石川雅規	2002－	186	
16	小野正一	1956－1970	184	
18	西口文也	1995－2015	182	
3	田中将大	2007－	119	78
35	前田健太	2007－	97	68

※200勝までの勝利数

そして日米通算197勝の田中将大はこのほど巨人への移籍が決まった。入団会見でも大台突破を意識した発言をしていた。これに続くのは、田中の同学年の前田健太。タイガースにいるが、苦しい成績。おそらく近い将来NPBに復帰して200勝を目指してひと踏ん張りするのではないか？

通算セーブ数では、現役のオリックス平野佳寿があと1で250セーブ。ただ日米通算では257セーブで名球界入りしている。投手の場合、200勝は野球殿堂入りの「十分条件」になっているようだ。今後も、この数字を目指す投手は出てくることだろう。

おわりに 「野球記録」の楽しみ方

筆者は1970年代から野球の記録年鑑のようなものを収集している。昭和の時代はこうした年鑑を開いて悦に入るのは野球記録愛好家に限られていた。今はそうではない。こうした「静的」な記録は、あくまで「参考資料」であり、購入してもぱらぱらと見るだけである。

インターネットが普及してから、記録好きはNPBやMLBの公式サイトを閲覧して、そこに公表された記録をエクセルやデータベースソフトに貼り付けて、いろいろ加工して検討する「動的」な楽しみ方がメインになった。日本のプロ野球記録を知るうえでは、NPBの公式サイトの記録は、基本中の基本だ。シーズン中は毎日更新されるから、毎日見に行くし、集計のページも閲覧する。2005年からは二軍記録も同じレベルで公開している。

https://npb.jp/

ただ、NPB公式サイトには欠けている項目がある。投手記録の「先発」だ。先発と救援は今や別のポジションなので、なぜ先発数を公表していないのか理解に苦しむところだ。また2004年以前のシーズン中の個人記録は公開していない。

しかし今は、NPBの一軍戦に1試合でも出た選手の投打記録をすべて公開しているので、いずれ整備されるのではないか。

実は市井の研究家が、1936年のNPBの開始から今日までのすべての試合を網羅して記録を公開しているサイトがある。

「日本プロ野球記録」https://2689web.com/

という。ほとんど独力でこれを立ち上げている。更新は年1回で、毎年12月にはアップデートされる。筆者のブログでもこのサイトを紹介している。管理人は物静かな男性だが、どこからこのバイタリティが生まれるのかと思う。多くの野球記録研究者がこのサイトを利用している。

また、2005年以降の選手のさらに細かな記録については、

「プロ野球ヌルデータ置き場」https://nf3.sakura.ne.jp/

というサイトがあって、シーズン中は毎日更新している。このサイトは、BS、CS

などの放送関係者も閲覧している。本当は費用が発生するのではないかと思う。一時、このサイトが閉鎖されたときは、放送関係者に衝撃が走った。

本文中で紹介した松井正さんは二軍史を今も日々探求中だ。大著『二軍史』の続編が待たれるところだ。

筆者がやっている「野球の記録で話したい」というブログには「クラシックSTATS鑑賞」という地味なサイトが「居候」している。管理人の「たばとも」とは年に1回顔を合わせる程度だが、彼も国立国会図書館に日参して、公式記録に載っていない記録を発掘している。本書で紹介した江夏豊の1968年の「投球数」は、たばともが掘り起こしたものだ。「球数制限」がこれほど言われるようになったのに、NPB公式サイトでは未だに投手の投球数の集計を出さない。これも問題だろう。また元データスタジアム社員の篠浦孝さんは、宇佐美徹也が生前出した『プロ野球記録大鑑』のアップデートを続けている。10年程前に一度自費出版をしたが、この続きが待たれるところだ。

これらのサイトはアマチュアが勝手にやっていることになっている。NPBは我関せずだ。また、スポーツ紙には記録担当者がいて、NPBのBIS（Baseball Information System）から提供されたデータをもとにデータベースを構築しているが、ほとんど公表していない。

アメリカではＭＬＢの公式サイトが、150年以上前の草創期からのデータをすべて公表している。最近はニグロ・リーグなどの記録も整備しつつある。

https://www.mlb.com/

また、Baseball Reference は、ＭＬＢだけでなくファームの全リーグ、ＮＰＢ、メキシカン・リーグ、韓国プロ野球（ＫＢＯ）、台湾プロ野球（ＣＰＢＬ）、アメリカの独立リーグ、ウィンター・リーグまで記録を網羅していて、すべて無料で公開している。

https://www.baseball-reference.com/

Fangraphs はセイバーメトリクス系の高度なデータを日々更新している。

https://www.fangraphs.com/

この2つのサイトがＭＬＢ選手の総合指標の WAR（Wins Above Replacement）を発表しているのはよく知られている。

さらにスポーツ専門メディアのＥＳＰＮも日々膨大な情報を発信している。

https://global.espn.com/

アメリカの野球ファンはこうしたデータを駆使して「ファンタジースポーツ」などの

シミュレーションゲームに興じているわけだ。日米ではいろいろなものが絶望的な「格差」になっているが、野球記録も同様だ。

「野球の記録」の愉しみは、「歴史研究」の愉しみに近い。歴史研究では過去の英雄や偉人、武将などの事績を調べる。そしていろいろ比較をする。また時代を超えた人物同士を比べて論じあったりする。

野球の場合も同様だ。野球好きには戦国時代や幕末などの「歴史」が好きな人が多いように思うが、その点通じる部分があるのかもしれない。

そうした「数字」の蓄積でつくられた「野球記録」を背景に、野球を観戦すると選手のプレーの背景がぐっと広がって、売り子の女性から買うビールがおいしくなると言う次第である。

この本で参照した資料やサイトについては、この「おわりに」で紹介した。一杯数字が並んでいるが、気楽に読んでいただければと思う次第だ。

2025年3月　　広尾晃

広尾 晃　1959年大阪市生まれ。コピーライターなどを経てスポーツライターに。立命館大学卒業。著書に『巨人軍の巨人 馬場正平』『データ・ボール アナリストは野球をどう変えたのか』など。

Ⓢ新潮新書

1086

野球《やきゅう》の記録《きろく》で話《はな》したい

著 者　広尾《ひろお》晃《こう》

2025年4月20日　発行

発行者　佐 藤 隆 信

発行所　株式会社 新潮社

〒162-8711　東京都新宿区矢来町71番地
編集部 (03)3266-5430　読者係 (03)3266-5111
https//www.shinchosha.co.jp
装幀　新潮社装幀室
組版　新潮社デジタル編集支援室

図版製作　クラップス

印刷所　株式会社光邦

製本所　加藤製本株式会社

ISBN978-4-10-611086-3 C0275

価格はカバーに表示してあります。

ⓢ新潮新書

985
山本由伸　常識を変える投球術
中島大輔

肘は曲げない、筋トレはしない、スライダーは自ら封印……。「規格外れ」の投手が球界最高峰の選手に上り詰めた理由は何なのか。野球を知り尽くしたライターが徹底解読する。

1053
データ・ボール
アナリストは野球をどう変えたのか
広尾　晃

打率よりも打球速度、防御率よりもK／BB。データ革命によって、選手の評価軸は激変した。現場の隅々にまで入り込んだアナリストたちによって進化する、プロ野球の最前線レポート。

201
不動心
松井秀喜

選手生命を脅かす骨折。野球人生初めての挫折。復活を支えたのは、マイナスをプラスに変える独自の自己コントロール法だった。初めて明かされる本音が詰まった一冊。

820
ケーキの切れない非行少年たち
宮口幸治

認知力が弱く、「ケーキを等分に切る」ことすら出来ない――。人口の十数％いるとされる「境界知能」の人々に焦点を当て、彼らを学校・社会生活に導く超実践的なメソッドを公開する。

975
プリズン・ドクター
おおたわ史絵

純粋に医療と向き合える「刑務所のお医者さん」は私の天職でした――。薬物依存だった母との関係に思いを馳せつつ、受刑者たちの健康改善のために奮闘する「塀の中の診察室」の日々。